"十四五"职业教育国家规划教材

汽车车身修复
与涂装技术 / 第2版

主　编　徐　峰

副主编　陈元钦　韩龙海

参　编　孟　邦　任振飞　赵　义　卢　智　朱　峰

机械工业出版社

本书第1版获首届全国教材建设奖全国优秀教材二等奖。

本书主要内容包括车身修复安全基础知识、车身修复工具的认知与使用、车身焊接技术、钣金手工成形、金属件表面涂装预处理、金属件中间涂层涂装和金属件涂装7个项目。每个项目包含若干个任务，每个任务以任务描述、制订维修计划、知识准备、任务实施、技能考核、课后测评为主线，安排教学内容。

本书适合作为职业院校汽车车身修复相关专业的教材，也可作为汽车车身修复及涂装人员的技能培训用书。

为方便教学，本书配有电子课件。凡选用本书作为授课教材的教师均可登录www.cmpedu.com以教师身份注册后免费下载，或咨询编辑（电话：010-88379201）。

图书在版编目（CIP）数据

汽车车身修复与涂装技术 / 徐峰主编. -- 2版.
北京：机械工业出版社，2025.3(2025.8重印). --（"十四五"职业教育国家规划教材）. -- ISBN 978-7-111-78021-2

Ⅰ. U472.4

中国国家版本馆CIP数据核字第2025XL4751号

机械工业出版社（北京市百万庄大街22号　邮政编码100037）

策划编辑：师　哲　　　　　　　责任编辑：师　哲
责任校对：龚思文　王　延　　封面设计：张　静
责任印制：常天培

北京联兴盛业印刷股份有限公司印刷

2025年8月第2版第2次印刷

210mm×285mm · 9.75印张 · 171千字

标准书号：ISBN 978-7-111-78021-2

定价：45.00元

电话服务　　　　　　　　　　网络服务

客服电话：010-88361066　　　机　工　官　网：www.cmpbook.com
　　　　　010-88379833　　　机　工　官　博：weibo.com/cmp1952
　　　　　010-68326294　　　金　书　网：www.golden-book.com

封底无防伪标均为盗版　　　机工教育服务网：www.cmpedu.com

现代职业教育汽车类专业
课程改革成果教材编写委员会

主　任　朱国苗　姚道如

副主任　肖炳生　吴中斌　徐　黎
　　　　杨柳青　葛学亮　钱　凤

委　员　安宗权　张信群　王爱国　盛国超　李国彬
　　　　徐腾达　曾凡玲　王　超　孙　旭　方习贵
　　　　吴风波　徐　辉　张秋华　徐　峰

关于"十四五"职业教育
国家规划教材的出版说明

为贯彻落实《中共中央关于认真学习宣传贯彻党的二十大精神的决定》《习近平新时代中国特色社会主义思想进课程教材指南》《职业院校教材管理办法》等文件精神，机械工业出版社与教材编写团队一道，认真执行思政内容进教材、进课堂、进头脑要求，尊重教育规律，遵循学科特点，对教材内容进行了更新，着力落实以下要求：

1. 提升教材铸魂育人功能，培育、践行社会主义核心价值观，教育引导学生树立共产主义远大理想和中国特色社会主义共同理想，坚定"四个自信"，厚植爱国主义情怀，把爱国情、强国志、报国行自觉融入建设社会主义现代化强国、实现中华民族伟大复兴的奋斗之中。同时，弘扬中华优秀传统文化，深入开展宪法法治教育。

2. 注重科学思维方法训练和科学伦理教育，培养学生探索未知、追求真理、勇攀科学高峰的责任感和使命感；强化学生工程伦理教育，培养学生精益求精的大国工匠精神，激发学生科技报国的家国情怀和使命担当。加快构建中国特色哲学社会科学学科体系、学术体系、话语体系。帮助学生了解相关专业和行业领域的国家战略、法律法规和相关政策，引导学生深入社会实践、关注现实问题，培育学生经世济民、诚信服务、德法兼修的职业素养。

3. 教育引导学生深刻理解并自觉实践各行业的职业精神、职业规范，增强职业责任感，培养遵纪守法、爱岗敬业、无私奉献、诚实守信、公道办事、开拓创新的职业品格和行为习惯。

在此基础上，及时更新教材知识内容，体现产业发展的新技术、新工艺、新规范、新标准。加强教材数字化建设，丰富配套资源，形成可听、可视、可练、可互动的融媒体教材。

教材建设需要各方的共同努力，也欢迎相关教材使用院校的师生及时反馈意见和建议，我们将认真组织力量进行研究，在后续重印及再版时吸纳改进，不断推动高质量教材出版。

机械工业出版社

前　言

本书采用了项目任务教学法的编写思路，遵循"校企合作、工学结合"的原则，紧随行业企业的步伐。本着专业与产业、职业岗位对接，专业课程内容与职业标准对接，教学过程与生产过程对接，学历证书与职业资格证书对接，职业教育与终身学习对接的原则，结合汽车钣金喷涂职业岗位的实际需求，同时吸纳发达国家先进的职业教育理念编写而成。

本书具有以下特色：

一、以完成一个项目作为教学目标，每个项目包含若干个任务，每个任务注重培养学生的综合素养及终身学习能力。

二、通过真实的案例教学，教会学生解决实际问题的方法，提高学生解决实际问题的能力，体现能力本位的思想。

三、每个任务中都包含世界职业院校技能大赛的理念，把大赛及职业技能等级证书技能等级认证有关的内容融入教学中。

四、习题部分注重对基础理论的检查和解决实际问题能力的培养。

五、考核部分采取多角度全方位的考核方法。

本书由徐峰任主编，陈元钦、韩龙海任副主编，参加编写的还有孟邦、任振飞、赵义、卢智、朱峰。其中，徐峰负责项目七的编写，陈元钦和韩龙海负责项目四的编写，孟邦负责项目二的编写，任振飞负责项目五的编写，赵义负责项目一的编写，卢智负责项目三的编写，朱峰负责项目六的编写。

由于编者水平有限，书中难免存在错误之处，敬请广大读者批评指正。

编　者

二维码索引

序号	名称	二维码	页码	序号	名称	二维码	页码
1	呼吸器的佩戴与测试		2	12	横焊		56
2	气动工具的使用		12	13	电阻点焊		62
3	举升机的使用		13	14	底材处理		81
4	钣金锤		20	15	底漆施涂		89
5	顶铁		24	16	原子灰施涂		95
6	喷枪的使用		27	17	原子灰的调配		97
7	打磨机的使用		28	18	原子灰的打磨		104
8	车身修复机使用		37	19	原子灰修整		110
9	CO_2气体保护焊参数调整		44	20	中涂漆施涂		112
10	平焊		49	21	多工序面漆喷涂（上）		128
11	立焊		52	22	多工序面漆喷涂（下）		128

目 录

项目一 车身修复安全基础知识

 ## 项目目标

知识目标：	技能目标：	素养目标：
1. 了解钣金喷涂作业常用呼吸系统防护用具的种类 2. 掌握滤筒式呼吸器的测试和保养方法 3. 掌握举升机的使用方法 4. 熟悉气动工具的使用注意事项	1. 能够独立完成呼吸器的测试和保养工作 2. 能规范地选用和穿戴防护用品 3. 能规范地使用车辆举升机举升车辆	培养安全和环保意识

任务一　钣金喷涂工作安全防护

 ## 任务描述

　　一辆奇瑞轿车左前门发生碰撞变形，需进行钣金喷涂修复工作，在修复时应做哪些安全防护工作呢？

 ## 制订维修计划

任务名称	钣金喷涂工作安全防护	学时	4	班级	
学生姓名		学生学号		任务成绩	
实训设备		实训场地		日期	
实训任务	呼吸器的测试和防护用品的穿戴				
任务内容	制订学习计划，完成呼吸器的测试和防护用品的穿戴				

一、资讯

1. 雾霾中含有大量细颗粒物（PM 2.5），被吸入人的呼吸道后对人体有害，如长期吸入，会导致呼吸道疾病，严重者会导致死亡。请思考并写出在雾霾天气时应通过哪些方法进行呼吸道的保护。

2. 消防员在救火时为防止将燃烧产生的有毒气体吸入呼吸道，需要佩戴防毒面具，请问防毒面具需要定期更换吗？

3. 写出你见过的身体安全防护用具。

二、制订计划

根据任务要求，确定所需要的防护用具，并对小组成员进行合理分工，制订详细的实施计划。

1. 小组成员分工。

2. 实施计划。

⚙ 知识准备

一、呼吸系统防护

扫一扫

呼吸器的
佩戴与测试

　　打磨抛光时产生的微尘、焊接金属时产生的烟尘、喷漆操作时产生的油漆粉尘等被吸入人体时，都会对人体造成伤害。因此，在进行这些作业时，必须佩戴呼吸器。钣金喷涂工常用呼吸系统防护用品见表1-1。

表1-1　钣金喷涂工常用呼吸系统防护用品

名　称	说　明	图　片
防尘呼吸器	防尘呼吸器一般是用多层滤纸制作的价格较低的纸质过滤器，是加了过滤层的口罩 　其作用是阻挡空气中的微尘、粉尘进入人的鼻腔、咽喉、呼吸道和肺部 　在进行打磨、研磨或用吹尘枪清洁操作时，会产生大量的粉尘等，应佩戴防尘呼吸器	3M 9005

（续）

名　称	说　明	图　片
焊接用呼吸器	在进行镀锌钢材焊接时，产生的焊接烟尘和锌蒸气会对人体产生较大的伤害 焊接用呼吸器采用了特殊的滤芯来吸收焊接产生的烟尘	
滤筒式呼吸器	滤筒式呼吸器由橡胶面罩、预滤器、滤筒、进气阀和出气阀等组成。橡胶面罩用来保证贴合脸部轮廓，保证气密性。预滤器可更换	
供气式呼吸器	它由一个透明的护目镜、外接气源软管、兜帽等组成。使用时，干净可呼吸的空气通过软管从一个单独的气源泵送到面罩或头盔中供人呼吸	

二、身体安全防护

汽车钣金喷涂操作人员在作业中要有很强的个人安全保护意识，必须规范穿戴防护用具，在工作场地规范作业，禁止嬉戏打闹。钣金喷涂工常用身体安全防护用品见表1-2。

表1-2　钣金喷涂工常用身体安全防护用品

名　称	说　明	图　片
头部防护	1. 在进行维修操作时，要戴上工作帽，防止灰尘或油污的污染，保持头发的清洁 2. 在车下作业或者进行拉伸校正操作时，要戴硬质安全帽，以防碰伤头部 3. 头发不要过长，工作时要把头发塞入安全帽内	

（续）

名　称	说　明	图　片
眼部防护	1. 抛光、锤击、钻孔、磨削和切削等作业时，会产生飞屑，为防止击伤眼睛，应佩戴防护眼镜 2. 在进行氧乙炔焊操作时，应佩戴焊接专用防护眼镜 3. 喷涂作业时，应佩戴专用防化学品护目镜	
面部防护	1. 在进行比较危险的工作时，应佩戴全尺寸面罩，保护眼睛和面部，以防受到伤害 2. 焊接操作时，会产生飞溅和辐射，为防止损伤眼睛和面部，应佩戴焊接专用防护面罩	
耳部防护	在钣金作业过程中，经常使用气动錾、气动锯等切割工具，还经常对钣金件进行敲打、打磨等操作，这些都会产生高分贝的噪声，容易对耳朵产生伤害，因此进行上述作业时，要佩戴耳塞或耳罩以加强耳部的防护	
身体防护	1. 在从事钣金喷涂工作时，应穿着合适的连体工作服。过于宽松、下垂的衣物容易被绞入运动部件，造成身体伤害 2. 进行焊接操作时，应穿焊接防护服、绑腿、护脚，防止熔化的金属烧穿衣物 3. 在进行喷漆作业时，穿戴喷漆防护服可以有效避免漆雾入侵	
手部防护	1. 戴上线手套可以防止金属毛刺伤害手部 2. 在进行焊接作业时，应戴上焊接手套，防止焊接时熔化的金属烫伤手及手臂 3. 在处理油漆和稀释剂时，应戴上橡胶防化手套，以避免被化学品灼伤	

（续）

（续）

名　称	说　明	图　片
腿部防护	1. 钣金喷涂作业中，技师经常需要跪在地上进行操作，因此最好佩戴护膝，以保护膝盖，防止膝盖受损伤 2. 在进行焊接作业时，应戴上皮质焊接护腿，防止焊接熔化的金属烫伤腿部	
脚部防护	1. 在车间工作时，应穿着鞋头有金属片的安全鞋，以防止重物下落砸伤脚部。安全鞋还有防滑和绝缘的功能，可以防止滑倒和防止触电事故的发生 2. 为更好地保护脚部安全，在进行喷漆作业时，应穿防化靴或穿戴防化鞋套	
腰部防护	工作中，应量力而行，抬起和搬运物品时，应弯曲膝部而不是弯背和弯腰。重物必须用适当的设备进行提升和移动	

 任务实施

一、呼吸器的测试

使用滤筒式呼吸器时，应检查有无漏气、负压和正压是否正常、呼吸是否顺畅、有无异味、是否已到更换周期等，发现问题应及时更换过滤器。呼吸器应保存在密闭的容器内或塑料的自封袋中，并保持清洁。呼吸器的测试见表 1-3。

表 1-3 呼吸器的测试

名 称	说 明	图 片
佩戴呼吸器	1. 解开头带底部搭扣，将呼吸器盖住口鼻	
	2. 拉起上端头带，使头箍舒适地置于头顶位置	
	3. 双手在颈后将头带底部搭扣扣住	
	4. 调整头带松紧，使面具与脸部密合良好	

（续）

名　称	说　明	图　片
负压测试	用手掌挡住滤筒不让其进气，并用力吸气。若密合性良好，面罩部分会随着正常的呼吸而朝向脸部凹陷	
正压测试	用手罩住呼气器，并用力呼气。若密合性良好，面罩部分会鼓出，而空气会随着正常的呼气从面罩溢出	

二、防护用品的穿戴

完成本任务，需要使用的主要用品有工作帽、防尘呼吸器、防护眼镜、耳罩、工作服、棉纱手套、工作鞋。防护用具的穿戴见表1-4。

表1-4　防护用品的穿戴

名　称	说　明	图　片
穿工作服	1. 工作服穿戴要求三紧：领口紧、袖口紧、下摆紧 2. 上衣保持整洁，前排和袖口纽扣必须全部扣上，前排纽扣需扣至最上面一粒，不允许卷起袖口 3. 裤子保持整洁，裤脚不允许拖地，裤脚过长时可卷起，以不露出脚腕和袜子为标准	

7

（续）

名　称	说　明	图　片
穿安全鞋	1. 保持安全鞋的清洁、卫生，鞋尖应留有一定余量，后跟与脚后跟不紧不松正好吻合，鞋面不能挤压脚背，腰窝与脚弓吻合 2. 不允许随意脱安全鞋	
戴防尘呼吸器	1. 把防尘呼吸器打开一定角度，有金属鼻夹的一面朝外，使金属鼻夹位于呼吸器上方 2. 左手将防尘呼吸器抵住下巴，右手将下方头带拉过头顶，置于颈后耳朵下方 3. 右手将防尘呼吸器抵住下巴，左手将上方头带置于颈后耳朵上方 4. 将双手手指置于金属鼻夹中部，从中间向两侧按照鼻梁形状向下按压，直至将其完全按压贴合鼻梁为止	
戴防护眼镜	1. 防护眼镜佩戴前要仔细检查，确认无变形和构件松动 2. 镜片磨损粗糙、镜架损坏时，会影响操作人员的视力，应及时更换	
戴工作帽	1. 佩戴前，应检查工作帽有无破损。若有破损，应更换 2. 调整好工作帽的松紧，防止工作中帽子脱落 3. 如果头发过长，应先将头发向上盘起，再戴工作帽	

（续）

名　称	说　明	图　片
戴耳罩	1. 使用耳罩前，应取下耳环等配饰件并检查罩壳，应无裂纹和漏气现象，否则应更换 2. 将耳罩头箍拉伸到最长位置，向外拉开耳罩并跨过头部上方，紧贴双耳 3. 调整头箍，直到头箍圆弧的顶点与头顶贴合，并且双耳感到舒适为止	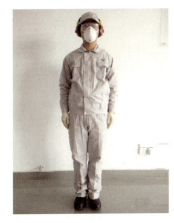
戴棉纱手套	1. 穿戴前，应检查棉纱手套，发现破损、霉烂时应更换 2. 穿戴前认真检查棉纱手套是否沾有异物，如金属毛刺、铁屑等。若有异物，应予以清除	

 ## 技能考核

考核时间	考核项目	分值	自我评价	小组评价	教师评价	企业评价
25min	防护用品的识别	10				
	防护用品的选取	10				
	迅速穿戴防护用品	10				
	规范穿戴防护用品	10				
	呼吸器的识别	10				
	不同类型呼吸器的用途	10				
	迅速佩戴呼吸器	10				
	规范佩戴呼吸器	10				
	呼吸器的密封性检查	10				
	5S 管理	10				
合　　计		100				

课后测评

一、选择题

1. 进行粉尘作业时必须佩戴_____。

A. 棉纱口罩 　　　　　B. 防尘呼吸器 　　　　　C. 防毒面具

2. 进入缺氧密闭空间作业必须使用_____。

A. 防尘呼吸器 　　　　B. 供气式呼吸器 　　　　C. 防毒面具

3. 滤筒式呼吸器在使用一段时间后，吸气阻力会_____。

A. 变大 　　　　　　　B. 变小 　　　　　　　　C. 不变

4. 操作机械时，工人要穿"三紧"式工作服，"三紧"是指_____紧、领口紧和下摆紧。

A. 袖口 　　　　　　　B. 裤口 　　　　　　　　C. 裤腿

5. 为了_____，应当使用安全帽。

A. 防止物体碰击头部 　　　　　　　　　　B. 防止头发被机器绞缠

C. 防止脸被碰伤

6. 从事噪声作业应佩戴_____。

A. 工作服 　　　　　　B. 安全帽 　　　　　　　C. 耳塞或耳罩

7. _____适用于防油漆。

A. 棉纱手套 　　　　　B. 橡胶手套 　　　　　　C. 毛手套

二、判断题

1. 使用者在使用供气式呼吸器前，无须按规定执行各项检查及准备工作，需要时便可使用。
　　　　　　　　　　　　　　　　　　　　　　　　　　　　　　（　　）

2. 用手心将面罩的进气口堵住，深吸一口气，如感到面罩有向脸部吸紧的现象，且面罩内无任何气流流动，说明面罩是密封的。　　　　　　　　　　　　　　（　　）

3. 呼吸器应密封保存。　　　　　　　　　　　　　　　　　　　　（　　）

4. 安全帽的主要作用是防止物料下落击中头部及行进中碰撞突出物而受伤。　（　　）

5. 生产和生活过程中发生的伤亡事故具有偶然性，因此是不可预防的。　　（　　）

6. 一般纱布口罩不能起到防尘的作用。　　　　　　　　　　　　　　（　　）

三、简答题

1. 简述防尘呼吸器和焊接呼吸器的区别。

2. 呼吸器为什么要密封存放?

3. 喷涂作业时，应穿戴哪些防护用具？

任务二 电、气安全

任务描述

一辆奇瑞汽车发生事故，修复时要进行部分电器设备的拆除，在车身修复时会用到气动工具和设备，不规范地拆装电器设备和不正确地使用气动工具可能导致危险事故的发生。那么在做以上工作时需要注意什么？

制订维修计划

任务名称	电、气安全		学时	4	班级	
学生姓名			学生学号		任务成绩	
实训设备			实训场地		日期	
实训任务	举升机的安全使用和干粉灭火器的使用					
任务内容	制订学习计划，完成举升机的安全操作和干粉灭火器的使用					

一、资讯

1. 请查阅有关资料，回答家庭用电电压一般是多少伏，工业用电电压一般是多少伏，车间用电电压一般是多少伏。

2. 使用电器设备时，你能想到的危险操作有哪些？

二、制订计划

根据任务要求，确定所需要的工具、设备，并对小组成员进行合理分工，制订详细的实施计划。

1. 小组成员分工。

2. 实施计划。

知识准备

一、电器安全防护

触电是当电流流过人体时发生的事故。在宽敞干燥的环境下，当电压超过人体安全电压（36V）时就可能发生触电事故。触电伤害的形式主要有电击和电伤两大类。人体能感知的触电跟电压、电流、时间、电流流过的路径、频率和周围环境等因素有关。电器安全防护小常识见表1-5。

表 1-5　电器安全防护小常识

序　号	说　　明
1	使用电动工具设备前，要核对电动工具的使用电压与电源电压是否匹配
2	实训车间的局部近距离照明和可移动照明只能采用电源为36V及以下的安全电压
3	各种电动设备，尤其是移动式电动设备，应建立定期的检查制度
4	严禁使用导线头上不带插头的灯具和电器设备
5	使用移动式电动工具和气动工具前，必须熟悉其安全操作规程
6	所有电动工具都必须有接地措施
7	如果发现电器设备有任何异常，应立即关掉开关，并联系管理人员
8	如果电路中发生短路或意外火灾，在进行灭火步骤之前应先关掉开关
9	有任何熔丝熔断都要向管理人员汇报，因为熔丝熔断说明有某种用电器出现故障
10	不要靠近断裂或摇晃的带电导线
11	为防止电击，千万不要用湿手接触任何电器设备
12	拔下插头时，不要拉导线，而应当单手拉插头本身
13	不要让电缆通过潮湿或浸有油的地方、炽热的表面或者尖角附近
14	在开关、配电盘或电动机等物体附近不要使用易燃物，因为它们容易产生火花
15	使用电动工具时，应有必要的、合格的绝缘用品，在潮湿地带或金属容器内使用电动工具时，必须有相应的绝缘措施

二、气动工具安全防护

扫一扫

气动工具的
使用

车身修复工作中需要经常用到气动工具，实训车间的压缩空气通常为0.5~0.8MPa，用压缩空气进行清洁作业时，压力值应保持在0.5MPa以下，不要用压缩空气来清洁衣物，压缩空气不能直接对着皮肤吹。气动工具使用注意事项见表1-6。

表 1-6　气动工具使用注意事项

序号	说明
1	使用气动工具前，应先穿戴好防护用具
2	气源必须使用干燥无尘的普通压缩空气，严禁使用氧气和任何易燃气体，以免造成意外伤害
3	气动工具须在规定的空气压力下使用，请勿使用规定以外的空气压力，会产生危险且造成工具性能无法发挥，并导致故障发生
4	请勿将工具用于规定使用的用途之外，或超过工具能力范围使用，以免造成故障
5	作业中工具状况不好或有异常现象时，应立即停止使用，并报告管理人员送修
6	工具不使用或更换配件时，必须拆下空气管，以免造成危险
7	避免长时间的连续使用，以防振动、噪声造成身体的危害
8	每次使用工具前，最好加 1~2 滴气动工具专用油，以使气动工具保持最好的工作性能
9	不要使用过长的空气软管，每次作业完，一定要将气管与工具分开
10	要时常清理工作区域，保持清洁，避免由于场地混乱引起的人身伤害

 任务实施

一、车辆举升机的安全使用

在进行车下作业时，经常需要把汽车举升起来，举升机作为汽车维修中最常用的设备，必须规范使用，否则会发生安全事故。车辆举升机的安全使用见表 1-7。

表 1-7　车辆举升机的安全使用

序号	说明	图片
1	使用前，打开电源，检查电动机电源是否安装正确，检查举升机有无漏电漏油状况	
2	将车辆停在举升机的中间位置，此位置能将举升机的托臂支在汽车底盘指定支撑位置	

扫一扫

举升机的
使用

（续）

序　号	说　明	图　片
3	将车辆挂入驻车档或空档，拉紧驻车制动器手柄	
4	对好4个支撑点（汽车底盘的指定位置），此位置通常钢板加强，可承受较大的力	
5	举升车辆分3步。第1步：起动举升机，待支点接近车辆时停止举升车辆	
6	检查支点与车辆的4个支撑点是否对齐	
7	第2步：起动举升机，待支点与车辆接触后，重新检查支点位置，确定无误后将车辆举升离地300mm	

（续）

序　号	说　明	图　片
8	第 3 步：在车辆侧面推动车辆，确定车辆稳定后，将车辆举升到工作高度	
9	下降车辆时，观察周围环境，先解除防下落保险，然后降下举升机	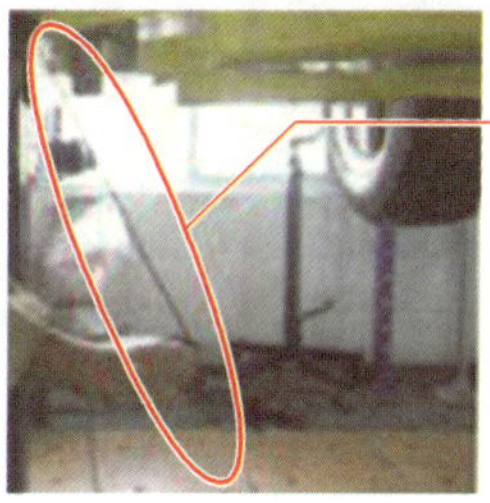 机械安全锁（防下落保险）

二、气动工具的使用

在钣金喷涂作业中，经常会使用到气动工具，能规范合理地使用气动工具对整个钣金喷涂工作至关重要。气动工具的使用见表 1-8。

表 1-8　气动工具的使用

名　称	说　明	图　片
安全防护	规范穿戴防护用品，根据所使用气动工具的不同，穿戴的防护用品也会有所不同	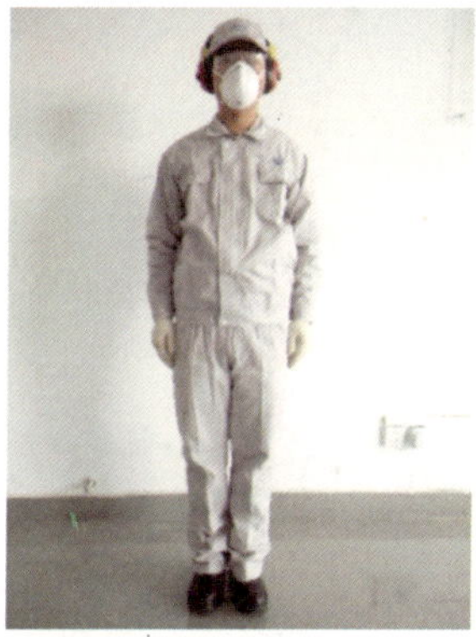
安全检查	检查气泵房及各气管的安全状况，如电路有无松动，气路连接是否完好等	

（续）

名　称	说　明	图　片
开启气源	关闭排气阀门，按下起动按钮，打开空气压缩机	
调整气压	调整空气压力到规定范围，一般为 0.5~0.8MPa	
连接工具	将气动工具的快速接头与气管的快速接头相连接。注意检查快速接头有无损坏，连接后有无漏气现象。若发现漏气，应及时更换快速接头	
操作工具	按下气动工具起动开关，气动工具开始工作	
5S 管理	清洁作业，工具归位，关闭气源	

技能考核

考核时间	考核项目	分值	自我评价	小组评价	教师评价	企业评价
	气动工具安全常识	10				
	合理、规范穿戴防护用品	10				
	规范操作气源	10				
	正确使用气动工具	10				
25min	电器安全常识	10				
	车辆举升机的使用	20				
	熟练、规范操作举升机	10				
	团队配合	10				
	5S 管理	10				
合　计		100				

课 后 测 评

一、选择题

1. 工作环境中见到右侧标志时，表示_____。

A. 注意安全 　　　　 B. 当心触电 　　　　 C. 当心感染

2. 如果触电者伤势严重，呼吸停止或心脏停止跳动，应竭力施行_____和胸外心脏按压。

A. 按摩 　　　　 B. 点穴 　　　　 C. 人工呼吸

3. 汽车举升机电动机工作但不能举升的原因可能是_____。

A. 油位正常 　　　　 B. 进油管不进气 　　　　 C. 电动机反转

4. 空气压缩机的修理必须在_____后进行。

A. 停机 　　　　 B. 卸压 　　　　 C. 起动前

5. 空气压缩机油脏和油少时，应该_____。

A. 及时补加油

B. 先排出脏油再补加相应的机油

C. 为保证不缺油，凡是机油都可以加

二、判断题

1. 有人低压触电时，应该立即用手将其拉开。 　　　　　　　　（　　）

2. 为了防止触电，可采用绝缘、防护、隔离等技术措施以保障安全。 　　　（　　）

3. 在使用手电钻、电砂轮等手持电动工具时，为保证安全，应该装设漏电保护器。 　（　　）

4. 工具不使用时，或是更换配件时必须拆下空气管，以免造成危险。 　　（　　）

5. 气动装置的供气压力都需要用减压阀来减压，并保证供气压力的稳定。 　（　　）

6. 气动系统因使用的功率都不大，所以主要的调速方法是节流调速。 　　（　　）

三、简答题

1. 简述车辆举升机的种类。

2. 在实训车间里，你使用过哪些电动工具和气动工具？

3. 为什么不能用压缩空气来清洁衣物？

4. 钣喷车间存在哪些安全隐患？

项目二　车身修复工具的认知与使用

项目目标

知识目标：	技能目标：	素养目标：
1. 掌握使用钣金锤及顶铁的方法 2. 熟悉喷枪、打磨机及气动切割锯的操作方法 3. 了解修复机的组成，掌握修复机的使用方法	1. 能根据修复车身位置选择合适的钣金锤及顶铁 2. 能操作喷枪、打磨机及气动切割锯 3. 会操作修复机	培养学生的工匠意识

任务一　钣金锤的使用

任务描述

　　一辆奇瑞汽车右前翼子板由于碰撞产生凹痕，拆卸之后需利用钣金锤进行修复，使其恢复到原来的状态。在车辆修复过程中，钣金锤如何使用呢？

制订维修计划

任务名称	钣金锤的使用	学时	4	班级	
学生姓名		学生学号		任务成绩	
实训设备		实训场地		日期	
实训任务	正确使用钣金锤等车身修复工具				
任务目的	制订工作计划，完成右前翼子板的修复				

一、资讯

1. 你在日常生活中使用过锤子吗？锤子敲击铁钉时用哪个部位发力？

2. 你见过哪几种材质的锤子？分别用来敲击什么物品？

二、制订计划

请根据目标和任务要求，确定所需要的工具，并对小组成员进行合理分工，制订详细的实施计划。

1. 小组成员分工。

2. 修复计划。

扫一扫

钣金锤

知识准备

根据钣金锤在车身维修中的用途，可以把锤子分为重头锤、轻头锤、曲面轻击锤、直凿风镐、长头风镐、短头风镐和挡泥板专用锤 7 类，见表 2-1。

表 2-1　钣金锤的种类

名　　称	说　　明	图　片
重头锤	重头锤的锤头一头为圆头，另一头为方头 金属粗加工时，用来平整金属表面，敲平焊点和焊缝，粗平非常皱的金属面，以及初步校直质量较大的金属板。方头锤面的角可以当作镐使用，把损坏板件上凹陷区域压平	
轻头锤	尺寸和形状与重头锤一样，但质量较小，一般用来进行金属精加工、车门处折边等	
曲面轻击锤	曲面轻击锤的一侧锤头锤面为隆起，另一侧锤头锤面为平面。用来粗加工校正或专门用来拉直和校正某些凹陷曲面，例如挡泥板、车门板和后顶盖侧板等的凹陷	

（续）

名　　称	说　　明	图　　片
直凿风镐	一头为圆形头，一头为凿形头。用来修理挡泥板，复原轮缘、饰条、前照灯内框和发动机盖等，特别在车身板件安装和条形结构件焊接过程中，手工修整板件边缘和做凸缘时常用到该工具	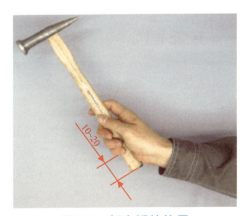
长头风镐	一头为长的圆形尖头，另一头为圆形平头，是一种非常理想的金属精加工工具。它主要用来进行薄钢板粗加工后的校直工作和精加工时凿平局部的小凹点等。长头风镐禁止在金属粗加工中使用	
短头风镐	一头为圆形头，另一头为尖形头，用在如前挡泥板等操作不方便的部位，进行轻度的凿和金属加工以及收缩金属面。短头风镐用于金属表面的精加工，敲平粗加工后遗留的小凹坑，从而使表面平整	
挡泥板专用锤	挡泥板专用锤是专门用来粗加工某些高隆起的金属面，例如挡泥板，还可以用来加工那些只有长的锤头才能达到的加强件。也可以与重型斧锤和大铁锤配合使用，粗加工车门槛板、轮罩、后顶盖侧板和严重撞伤的保险杠横梁等	

 任务实施

钣金锤的使用

钣金锤的使用如图 2-1 所示。

1）应根据被修整部位的变形情况及材质特点，选用不同的钣金作业锤。如对于薄板件和有色金属工件，应选用铜锤、木锤或硬质橡胶锤进行锤击；对于维修钣金件小凹陷，可用风镐逐个轻微敲击以修平这些微小的凹陷。

图 2-1　钣金锤的使用

21

2）根据构件表面形状、金属板厚度以及变形的大小，来合理选择钣金锤的尺寸和锤顶曲面的隆起高度。一般平面或稍许曲面的钣金锤适用于修复平面或低幅度隆起表面；凹形或球形锤则适用于修复内边曲面板；重锤则适用于粗加工或厚板构件的修复。

3）用手轻松握住钣金锤手柄的端部（相当于手柄全长的1/4位置），握锤时锤柄下面的食指和中指应适当的放松；小指和无名指应相对紧一些，使之形成一个比较灵活的支点。各类锤子的握法如图2-2所示。

4）捶击工件时，眼睛注视工件，找准捶击落点。捶击作业质量的关键在于落点的选择，一般应遵循"先大后小、先强后弱"的原则，从变形较大处顺序敲打，保证锤头以平面落在金属表面上。同时，要注意钣金件的结构强度，有序排列钣金锤的落点，锤击过程中应保证间隔均匀、排列有序，直至将车身覆盖件的表面损伤修平。

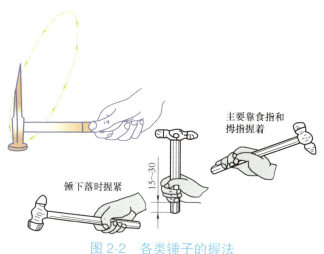

图2-2　各类锤子的握法

5）拇指用于控制锤柄向下运动的力度，通过手腕的动作来挥动锤子，并利用钣金锤敲击零部件时产生的回弹力沿一个圆形的运动轨迹来敲击，这样能更好地控制锤子。禁止像钉钉子那样让锤子沿直线轨迹运动，也不可用手臂或肩部的力量。利用手腕的腕力和锤子的重量，向板件敲打下去，不要使锤子的锤头前后左右摆动。

6）由于很少的几次猛烈敲击对金属造成的延展比多次轻微敲击对金属造成的延展变形要大，因此以100~120次/min的频率施行轻微敲击能够将延展变形控制在最小范围内。

 技能考核

考核时间	考核项目	分值	自我评价	小组评价	教师评价	企业评价
40min	安全防护工具穿戴	20				
	正确使用和选择钣金锤	40				
	工具整理	20				
	团队协作意识	20				
	合　　计	100				

课 后 测 评

一、选择题

1. 下列工具用于金属加工中粗加工的有_____。

A. 重头锤 　　　　　　　B. 轻头锤 　　　　　　　　C.短头风镐

2. 利用钣金锤进行板件修复时，通过依靠_____进行发力。

A. 手臂 　　　　　　　B. 手腕 　　　　　　　　C. 肩膀

3. 下面哪句正确表达了镐锤的使用方法？_____。

A. 用手柔和地敲击薄钢板，不会损害油漆表面

B. 用冲击锤修复凹陷之后，需要用精修锤精修以得到最后的外形

C. 维修小的凹陷，其尖端用于将凹陷从内部锤出，对中心部位柔和地轻打即可，其平端与顶铁配合作业用于去除高点和波纹

二、判断题

1. 很少的几次猛烈敲击对金属造成的延展变形比多次轻微敲击对金属造成的延展变形要大。

（　　　）

2. 使用锤子作业时，不需要戴手套。　　　　　　　（　　　）

3. 在修复车门板时，可以用匙形铁当顶铁用。　　　（　　　）

三、简答题

1. 简述钣金锤的使用方法。

2. 举出几种常见的钣金维修工具。

任务二　顶铁的使用

任务描述

一辆奇瑞汽车左前门由于碰撞产生凹痕，拆卸之后需利用钣金锤与顶铁配合进行敲击修复，使其修复到原来的状态。在车辆修复过程中，根据什么选择顶铁的种类？钣金锤与顶铁如何配合使用呢？

制订维修计划

任务名称	顶铁的种类与用途		学时	4	班级	
学生姓名			学生学号		任务成绩	
实训设备			实训场地		日期	
实训任务	选择合适的顶铁规范地进行车身局部修复工作					
任务目的	正确选择与使用顶铁，与钣金锤相互配合完成车身修复工作					

一、资讯

1. 钣金锤的种类有哪些?

2. 如何正确选择钣金锤?

3. 钣金锤在敲击时有哪些注意事项?

二、制订计划

根据任务要求，确定所需要的工具，并对小组成员进行合理分工，制订详细的实施计划。

1. 小组成员分工。

2. 实施计划。

 知识准备

扫一扫

顶铁

顶铁的种类见表 2-2。

表 2-2 顶铁的种类

名 称	说 明	图 片
通用顶铁	该顶铁有多种隆起，可以用来粗加工挡泥板的隆起部分和车身的不同曲面，收缩平的金属面和隆起的金属面，修正焊接区	S1 S2 S3 S4 S5 S6 S7 S8 S9

（续）

名　　称	说　　明	图　　片
低隆起顶铁	常用来使金属板减薄和使薄的金属板收缩。可以用来对车门内侧、发动机罩、挡泥板的平面和隆起面以及柱杆顶部进行钣金加工	
足跟形顶铁	因形状像足跟而得名。用来在板件上形成较大形状的凸起，校直高隆起或低隆起的金属板、长形结构件和平面板件	
足尖形顶铁	一种专门设计的组合平面顶铁，用来收缩车门板、挡泥板裙板、柱杆顶部和汽车各种盖板，也可以用来在挡泥板的底部形成卷边和凸缘。该顶铁特别适用于粗加工金属板件，因为它的一个面非常平而另外一面微微隆起。但是，使用该顶铁时，不应过度锤击	

 任务实施

顶铁的使用见表 2-3。

表 2-3　顶铁的使用

说　　明	图　　片
1. 顶铁由高强度钢制成，用在粗加工和锤击加工中，可以用手握持打击金属板的背面，当从板件正面用锤敲击时，顶铁会产生一个反弹力。每次敲击后定位，通过锤和顶铁的配合工作，使凸起的部位下降、使低凹的部位隆起 2. 由于板件的结构和形状不同，为有效完成修理工作，需要采用各种形状的顶铁。每一种形状的顶铁只适用于某些特定形状的工作件。顶铁隆起的直径应比加工工件的隆起直径略小，像锤子一样 3. 顶铁的质量应均衡，以方便握持和精确控制，在保证工作质量的情况下，应尽量选用较轻的顶铁，这样比较容易用手握持 4. 顶铁的工作面应保持光滑、干净，不能存在油污、涂料以及毛刺，否则会降低加工质量	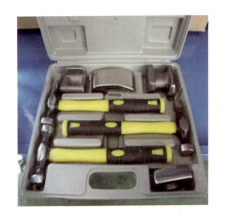

技能考核

考核时间	考核项目	分值	自我评价	小组评价	教师评价	企业评价
40min	安全防护用品穿戴	20				
	正确使用和选择顶铁	40				
	工具整理	20				
	团队协作意识	20				
合　计		100				

课 后 测 评

一、选择题

顶铁隆起的直径应比加工工件的隆起直径_____。

A. 略大　　　　　　　　B. 一样大　　　　　　　　C. 略小

二、判断题

1. 在粗加工时，顶贴可以作为敲击工具。　　　　　　　　　　　　（　　）

2. 选择顶铁时，应选择一个与所修正的钣金形状基本一致的工作面。（　　）

3. 顶铁表面应保持光滑，不能有毛刺、油污和涂料。　　　　　　　（　　）

三、简答题

1. 简述顶铁的使用方法。

2. 简述顶铁的种类及各自的特点。

任务三　气动工具的使用

 任务描述

　　一辆奇瑞汽车左前门由于碰撞产生凹痕，钣金工作修复之后需要进行下一工序——喷涂作业，喷涂设备主要指喷枪。

制订维修计划

任务名称	气动工具的使用		学时	4	班级	
学生姓名			学生学号		任务成绩	
实训设备			实训场地		日期	
实训任务	掌握喷枪的使用方法及分类					
任务目的	能够熟练使用喷枪和打磨机					

一、资讯

1. 气动工具使用时，有哪些安全注意事项？

2. 修车时，常见的气动工具有哪些？

二、制订计划

根据目标和任务要求，确定所需要的工具，并对小组成员进行合理分工，制订详细的实施计划。

1. 小组成员分工。

2. 修复计划。

 知识准备

1. 喷枪的作用

喷枪主要由气帽、喷嘴、针阀、扳机、气阀、调节钮和手柄等组成。喷枪的作用见表2-4。

扫一扫

喷枪的使用

表 2-4　喷枪的作用

说　明	图　片
喷枪的作用是将油漆和其他液态材料喷涂到被涂物表面上。要做好喷涂工作、保证喷涂质量，必须正确使用和维护喷枪	防滴漆壶盖 0.68L尼龙壶 顶针密封套 气帽、喷嘴、顶针 扳机 空气压力调节旋钮 喷幅调节旋钮 涂料流量调节旋钮 顶针定位螺栓 空气接头 气压调节表

2. 喷枪的种类

喷枪的种类见表 2-5。

表 2-5　喷枪的种类

名　称	说　明	图　片
吸力式喷枪	它是使用最普遍的一种喷枪，油漆置于罐内，扣动扳机，压缩空气冲进喷枪，气流经过气帽开口时形成局部真空，罐中的油漆被真空吸往已开启的针阀，形成雾状喷射流	顶针密封套　喷幅调节旋钮 气帽、喷嘴、顶针　涂料流量调节旋钮 连接螺母　顶针定位螺栓 壶盖锁　扳机 壶盖（内部有防滴漏膜片和密封胶圈）　空气接头 1L铝壶　气压调节表 垫座　空气压力调节旋钮
重力式喷枪	它是利用油漆自身重力流入喷嘴进行雾化喷射的。这种喷枪适用于较稠的涂料（如车身填料）的喷涂	防滴漆壶盖 0.68L尼龙壶 顶针密封套　喷幅调节旋钮 气帽、喷嘴、顶针　涂料流量调节旋钮 扳机　顶针定位螺栓 空气压力调节旋钮　空气接头 气压调节表
压力式喷枪	它是利用压缩空气进入油漆罐中，推动油漆从细管进入喷嘴的	外牙1/4压缩空气出口　压送式喷枪 压缩空气输出阀门　气压调节表 压缩空气进口　涂料管 压缩空气输入阀门　空气软管 手柄　外牙3/8涂料出口 涂料压力调节器　涂料输出阀门 扣紧式罐盖和泄压阀　涂料压力显示表 不锈钢罐体 防护座垫

3. 打磨机的使用

虽然电动钻、电动抛光机、电动磨光机等工具在车身修复车间里使用，但气动工具的使用更为普遍。

扫一扫

打磨机的使用

气动工具与电动工具相比有4个优点：

1）灵活。

2）重量轻。

3）安全，在车身修复车间气动工具可降低火灾危险。

4）操作和维护成本低。

气动打磨机一般用于金属磨削和腻子层的打磨等工作。具有多种外形结构，适合各种角度操作，体积小，转速高，研磨效率高，噪声低，振动小，同时具有强力的吸尘效果，长时间使用不疲劳。打磨机如图2-3所示。

打磨机操作程序见表2-6。

图2-3　打磨机

表 2-6　打磨机操作程序

名　　称	说　　明
开机前确认	确认打磨机的构件都有正确的连接和安装，并检查气管有无破损。检查打磨片是否上紧。用手拨动打磨片转动是否平顺，是否安装在中心
开机	操作人员应佩戴护目镜、手套、口罩、耳塞。接通空气压缩机，打开空气压缩机开关，确保转动平顺、无明显晃动
使用中的注意事项	使用时，手一定要紧握气动打磨机。打磨的方向应顺应打磨机的运转方向，即由左向右
关机	关闭打磨机，待打磨片停止转动后才可放下，使用后须清理干净

4. 气动锯的使用

气动锯又称切割锯，锯程为10mm，可锯厚度为1.6mm以内，使用压力为5kPa以上。胶盒套装：配10支锯片、油雾器等附件。切割锯片：24T、32T。气动锯如图2-4所示。

图2-4　气动锯

 任务实施

1. 喷枪的调整与操作

喷涂模式的调整是指喷雾扇形区域的调节，喷雾扇形取决于空气和雾化的涂料液滴的混合是否合适。涂料的喷涂应平稳，喷涂出的湿润涂层应没有凹陷或流挂现象，在一般情况下要想获得合适的喷雾扇形，必须准确调节3个因素，见表2-7。

表 2-7 喷涂模式的调整

名 称	说 明	图 片
空气压力调节	空气压力的调节一般可通过分离/调压器来调节，但由于空气从调压器经过输气软管到达喷枪还受到摩擦力作用，存在压降，应该在喷枪处测量气压值。这里所提到的压力值都是指喷枪处的气压，建议在生产实际中应使用气压表	
喷雾扇形调节	调节喷雾扇形控制旋钮可以调节喷雾直径的大小。调节喷雾形状时，将扇形控制旋钮旋紧到最小，可使喷雾的直径变小，喷涂到板件上的形状变圆；将扇形控制旋钮完全打开，可使喷雾形状变成宽的椭圆形。较窄的喷雾可用于局部修理，较宽的喷雾可用于整车喷涂	
涂料流量调节	逆时针转动涂料控制旋钮可增大出漆量，而顺时针转动将减小出漆量 最佳的喷涂压力是指获得适当雾化、挥发率和喷雾扇形宽度所需的最低压力。如果压力过高，会产生过多弥漫的喷雾，从而导致用料量增加，而涂层流动性降低，因为在涂料到达喷涂表面之前已有大量的溶剂被蒸发，易产生橘皮等缺陷。如果压力过低，会使涂层的干燥困难，因为大多数溶剂都保留下来了，因此容易产生起泡和流挂	

2. 喷涂操作

设定好空气压力、喷雾扇形、出漆流量后，就可以在喷幅测试纸上进行喷雾形状测试。喷涂清漆类涂料时，喷枪与测试纸相距 15~20cm 为宜；喷涂瓷性漆时，则相距 20~25cm 为宜。试验应在瞬间内完成，将扳机完全按下，然后立即释放。喷射出来的涂料应在纸上形成长而窄的形状。然后旋转喷雾扇形旋钮，使试样高度达到一定高度为止。一般情况下，进行局部修理时，试样高度从底部到顶部应达到 10~15cm；进行大面积或全身修理时，试样高度从底部到顶部应长 23cm 左右（通常情况，试样高度在 15~20cm 即可）。如果涂料颗粒粗大，可以旋进涂料流量控制旋钮 1/2 圈以减少流量；如果喷得太细或过干，则旋出涂料流量控制旋钮 1/2 圈，以达到增大涂料喷出量的目的。喷涂操作要领见表 2-8。

表 2-8　喷涂操作要领

名　　称	说　　明	图　　片
喷涂角度	喷枪与工作表面必须保持垂直，绝对不可由手腕或手肘作弧形的摆动	a) 正确 b) 不正确
喷涂距离	正常的喷涂距离应与喷枪的气压、喷枪的扇面调整大小以及涂料的种类相配合。一般喷涂距离为 20~25cm（可按涂料供应商提供的工艺条件操作）。实际距离可通过对贴在墙上的纸张试喷而定	如果喷涂距离过短，喷涂气流的速度就较快，从而会使涂层出现波纹　正确的喷枪移动：距离相同 a) 涂料堆积 如果距离过长，就会有过多的溶剂被蒸发，导致涂层出现橘皮或发干，并影响颜色的效果　不正确的喷枪移动：距离过大　薄　厚 b) 喷雾落到喷涂表面时已经无力
喷涂的移动速度	喷枪的移动速度与涂料干燥速度、环境温度、涂料的黏度有关，以 30~50cm/s 的速度匀速移动。若喷枪移动过快，会导致涂层过薄；若喷枪移动过慢，会导致出现流挂的现象（注意喷涂底漆、面漆和清漆时，喷枪移动速度不一样）	
喷涂压力	正确的喷涂气压与涂料的种类、稀释剂的种类、稀释后黏度和喷枪的类型有关，一般调节气压 3.0~6.0kPa，或进行试喷而定。若压力过低，极有可能雾化不好，会使稀释剂挥发过慢，涂料像雨淋一样喷涂到工件的表面，容易产生流挂、针孔、气泡等现象；若压力过高，则有可能过分蒸发，严重时形成干喷现象	

（续）

名　称	说　明	图　片
喷枪扳机的控制	扳机扣得越紧，液体流速越大。传统走枪，扳机总是扣死，而不是半扣。为了避免每次走枪行将结束时所喷出的涂料堆积，可以略微放松一点扳机，以减少供漆量	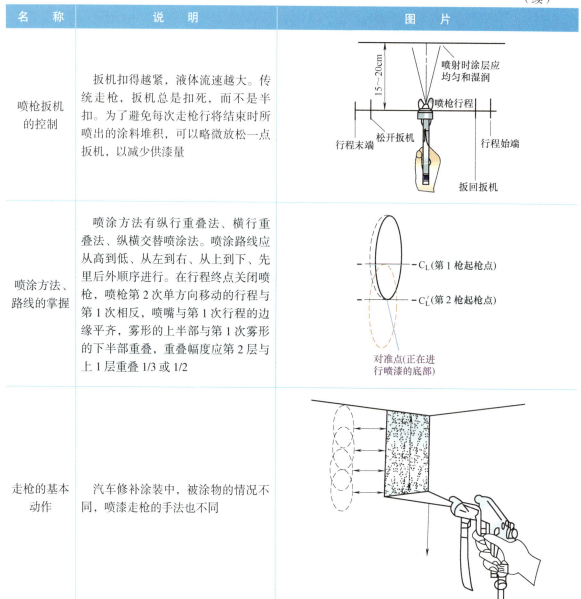
喷涂方法、路线的掌握	喷涂方法有纵行重叠法、横行重叠法、纵横交替喷涂法。喷涂路线应从高到低、从左到右、从上到下、先里后外顺序进行。在行程终点关闭喷枪，喷枪第2次单方向移动的行程与第1次相反，喷嘴与第1次行程的边缘平齐，雾形的上半部与第1次雾形的下半部重叠，重叠幅度应第2层与上1层重叠1/3或1/2	
走枪的基本动作	汽车修补涂装中，被涂物的情况不同，喷漆走枪的手法也不同	

3. 打磨机的使用

（1）打磨机的使用方法

1）把打磨片在打磨盘上粘贴固定好，右手握稳偏心打磨机开关把柄，拇指控制开关，左手握紧偏心打磨机上部圆形头。

2）把偏心移至打磨处，使打磨片与修复面紧密贴合，然后左手用适当力压紧，作用力主要作用在偏心打磨机打磨盘外沿上。

3）按下开关，使打磨机在需要打磨区域内移动。打磨片要在与打磨面贴合状态下转动。

4）偏心打磨完毕后，先放开开关，待偏心完全停止转动后将偏心与打磨面脱离开。

（2）打磨机的使用要求 打磨机的使用如图 2-5 所示。

1）穿戴好安全防护用品，然后连接气源并开动开关，检视打磨机是否完好。

2）戴好手套，然后轻轻地摸一遍待打磨表面，以便决定如何进行打磨。

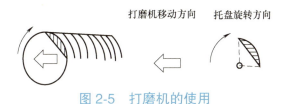

打磨机移动方向　　托盘旋转方向

图 2-5　打磨机的使用

3）握紧打磨机，打开开关并将其以 5°~10° 角度移向待加工表面。

4）使打磨机向右移动，让打磨头左上方的 1/4 对准加工表面。

4. 气动锯的使用

1）了解所需切割的材料。

2）固定好所需切割的材料，防止其移动。

3）接上风管，然后开始切割。

> **注意**
> 避开切割后可能掉落的碎片。切割即将完成时，切勿使锯碰到自己的身体、工件或附近的其他人员。

4）用气动锯的重量来控制切割压力。对于较软的材料，气动锯的重量已经足够，过大的压力会降低锯片的速度。对于较硬的材料，可以通过加压的方式来降低锯片的转动速度。切割时，保持锯片笔直，锯片的任何扭曲或歪斜都可能降低其使用寿命。

5）下次切割开始前，锯片必须保持运动状态。

6）更换锯片前，务必断开动力源。

7）用螺钉旋具转动螺钉以便释放锯片导杆上的张力，然后从驱动轮上取下锯片。

 技能考核

考核时间	考核项目	分值	自我评价	小组评价	教师评价	企业评价
40min	安全防护用品穿戴	10				
	喷枪正确操作	20				
	喷枪正确维护	20				
	打磨机正确使用	20				
	气动锯正确使用	20				
	工具整理	10				
合　计		100				

课 后 测 评

一、选择题

1. 较窄的喷雾用于____的修理。

A. 局部修理   B. 整车修理   C. 都可以

2. 下列可调节喷雾效果的方法有____。

A. 调节空气压力   B. 调节喷雾扇形   C. 调节涂料流量

3. 下列有关喷涂的叙述，不正确的是____。

A. 喷枪喷涂时都会弄脏，所以喷枪上面的油漆不用除去

B. 把油漆添加于枪杯中时，要使用过滤网

C. 把油漆倒入枪杯中时，达到总量的 70% 就可以了

4. 空气喷枪按涂料的供给方式分为____3 种。

A. 吸上式、自进式、压力式   B. 上壶枪、下壶枪、无壶枪

C. 常压枪、高压枪、低压枪   D. 吸上式、重力式、压力式

5. 打磨时需要佩戴的工具有____。

A. 口罩   B. 耳塞   C. 护目镜

6. 打磨机工作时，选择砂纸型号越大，打磨颗粒____。

A. 越大   B. 越小   C. 一样

7. 有关打磨的叙述，不正确的是____。

A. 如果原漆面黏附力良好，打磨就不必要

B. 打磨的目的是使其表面光滑

C. 打磨可以去除原表面涂层的缺陷

8. 往复直线式打磨机的砂垫运动方式是____。

A. 圆周运动   B. 小幅振动

C. 既有圆周运动又有直线运动   D. 往复直线运动

9. 使用手工打磨时，应沿___方向打磨。

A. 垂直方向   B. 圆周

C. 水平方向   D. 车身轮廓线

二、判断题

1. 喷气作业时，如果移动速度过慢，会产生流挂现象，所以越快越好。 （　　）

2. 喷枪与工作表面必须保持垂直，绝对不可由手腕或手肘作弧形的摆动。 （　　）

3. 使用喷枪进行喷涂前，应调整喷枪的气压、流量、扇面宽度。 （　　）

4. 在进行喷涂操作时，对喷枪的移动速度是有一定要求的。 （　　）

5. 为了提高工作效率，换锯片前，无须断开气源。 （　　）

6. 使用动力工具进行打磨修正时，应慢慢打磨，避免板件表面过热。 （　　）

7. 手工水磨的工作效率要高于机器干磨。 （　　）

三、简答题

1. 简述常用喷枪的种类。

2. 简述喷枪操作基本要领。

3. 简述喷枪使用完毕后应注意的问题。

4. 简述气动工具的优点。

5. 简述气动锯的使用方法。

任务四　车身修复机的使用

 ### 任务描述

　　一辆奇瑞汽车左前门筋线上由于碰撞产生凹痕，仅使用锤子和顶铁配合无法完全修复凹痕，这时需要用到车身修复机对局部凹陷区域进行拉拔。如何正确使用车身修复机呢？

制订维修计划

任务名称	车身修复机的使用	学时	6	班级	
学生姓名		学生学号		任务成绩	
实训设备		实训场地		日期	
实训任务	掌握车身修复机的使用方法				
任务目的	熟悉车身修复机的结构				

一、资讯

1. 修复大凹陷时，锤子和顶铁如何配合使用？

2. 修复小凹陷时，锤子和顶铁如何配合使用？

二、制订计划

根据目标和任务要求，确定所需要的工具，并对小组成员进行合理分工，制订详细的实施计划。

1. 小组成员分工。

2. 修复计划。

 知识准备

车身修复机又称为多功能钣金修复机或者外形修复机，其工作原理是利用垫圈熔焊焊接，扣动扳机后瞬间在焊片和板件间通以大电流，将各种不同类型的焊片焊接在钢板的凹陷部位，然后利用整形架和滑锤将凹陷拉出。

车身修复机主要由圆环形焊片、钥匙形焊片、三角形焊片、蛇形条、焊片焊头、滑锤和碳棒组成。

车身修复机上的焊枪可以通过外接不同的焊接工具实现单面点焊，焊接圆环形介子、钥匙形焊片、蛇形焊条等功能。

车身修复机可对焊件受损部位进行拉、拔、修、补、回火等整形操作。车身修复机的组成如图2-6所示。

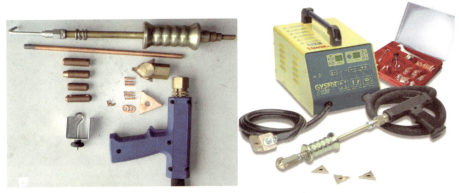

图 2-6　车身修复机的组成

任务实施

车身修复机的使用见表2-9。

扫一扫

车身修复机
使用

表 2-9　车身修复机的使用

名　　称	说　　明	图　　片
选择焊接头	穿戴好个人防护用品，判断焊件的凹陷程度，并打磨出裸金属。选择合适的焊接头，并用扳手拧紧焊接头	
调整焊接参数	安装搭铁线，打开车身修复机开关，并选择焊接圆环形焊片的功能，选择合适的焊接参数	
焊接焊片	选择车身修复机上的焊接介子垫片功能，调好焊接参数，焊接参数根据车身板件的厚度来选择。把介子安装到焊枪上，用垫圈抵住金属板件，力度应适中，否则会出现焊接不牢或爆出火花现象。按下焊枪开关，通电后垫圈被焊接在金属板件上	

（续）

名　称	说　明	图　片
组合拉伸工具的使用	选用整形架，整形架的支点选在板件上强度比较高的区域，并把整形架上的拉钩安装在横拉杆上，用力往板件变形相反的方向拉伸，并注意观察板件的变形情况。不能过度拉伸板件，避免板件被拉穿 拉伸时，用钣金锤进行板件敲击校正，直到板件凹陷修复到位为止	
滑动锤的使用	滑动锤的修复原理主要是利用滑块在滑杆上滑动，通过控制滑动速度，将冲击力精确地传递到修复部位。这种操作方式通过拉拔力将凹陷部位逐渐恢复原状，确保了修复工作的精确和有效	
缩火	缩火的方法有 2 种，分别是碳棒缩火和电极头缩火 选择车身修复机上缩火功能，调好缩火参数，缩火参数根据车身板件的厚度来选择。安装好碳棒或者电极头，把碳棒或者电极头抵住车身板件，扣动扳机进行通电加热，一边加热板件，一边用吹尘枪吹加热的板件，让板件冷却收缩 碳棒加热一般应用于大范围损伤，电极头加热一般用于修复小凸点	
清理焊点	取下焊片并抛光，修复好凹陷后取下焊片，用轻微的力旋转焊片即可取下焊片 使用打磨机去除焊点，先用带式打磨机去除焊点，再使用盘式打磨机进行修复区域整体打磨 打磨时应采取分散打磨，防止打磨产生过多的热量，造成板件变形	

技能考核

考核时间	考核项目	分值	自我评价	小组评价	教师评价	企业评价
40min	安全防护用品穿戴	10				
	车身修复机参数调整	30				
	规范焊接介子垫片	20				
	正确缩火	30				
	工具整理	10				
合　　计		100				

课 后 测 评

一、选择题

1. 车身修复机搭铁线连接到离损伤部位____的地方。

A. 较近　　　　　　　　B. 较远　　　　　　　　C. 随便都可以

2. 焊接介子到损伤区域前，需要把____打磨掉。

A. 涂层　　　　　　　　B. 漆层　　　　　　　　C. 底层

3. 车门是一个综合的转动部件，和车厢一起构成乘员的周围空间范围，应具有足够大的____、刚度和良好的振动特性。

A. 强度　　　　　　　　B. 硬度　　　　　　　　C. 塑性

4. 调整好修复机焊接参数后，是否需要试焊？____。

A. 需要　　　　　　　　B. 不需要　　　　　　　C. 都可以

5. 在缩火时，钢板冷却的方法包括____。

A. 火冷　　　　　　　　B. 吹尘枪冷却　　　　　C. 自然冷却

二、判断题

1. 焊接介子到损伤区域前，需要把板件表面漆层打磨掉。　　　　　（　　）

2. 缩火的方法一般有2种，分别是碳棒缩火和电极头缩火。　　　　（　　）

3. 车门加强梁都不适宜校正，应当更换。　　　　　　　　　　　（　　）

4. 整个车身在修理时，要按"从外到里"的顺序完成修理过程。　　（　　）

5. 车身上部的测量重点是板件之间的配合情况。　　　　　　　　（　　）

三、简答题

1. 简述缩火的原理。

2. 简述缩火的步骤及注意事项。

项目三　车身焊接技术

项目目标

知识目标：	技能目标：	素养目标：
1. 掌握二氧化碳气体保护焊焊机的组成及焊接原理 2. 熟悉焊接过程中的安全注意事项	1. 能正确调节焊接参数并进行焊接 2. 会使用二氧化碳气体保护焊进行平焊、立焊、横焊、仰焊 3. 能分辨焊接缺陷	通过技能训练，培养精益求精的意识

任务一　CO_2 气体保护焊

任务描述

一辆奇瑞轿车的左车门受到撞击产生局部撕裂，需利用 CO_2 气体保护焊对撕裂部位进行焊接修复。那么什么是 CO_2 气体保护焊呢？焊机有哪些组成呢？

制订维修计划

任务名称	CO_2 气体保护焊		学时	6	班级	
学生姓名			学生学号		任务成绩	
实训设备			实训场地		日期	
实训任务	利用 CO_2 气体保护焊设备，对损伤车门进行修复					
任务目标	掌握 CO_2 气体保护焊设备的组成、功能及焊接原理					

一、资讯

1. 车身上，板件与板件之间可以通过哪些方式进行连接？

2. 以上连接方式中哪些是可拆卸连接，哪些是不可拆卸连接？

二、制订计划

根据目标和任务要求，确定所需要的工具，并对小组成员进行合理分工，制订详细的实施计划。

1. 小组成员分工。

2. 实施计划。

 知识准备

目前汽车发展的趋势是车身轻量化，因此车身多以薄钢板冲压成形，焊接时容易产生焊接应力，造成很多焊接缺陷。CO_2 气体保护焊最适宜焊接汽车车身薄型高强度钢板。CO_2 气体保护焊是利用二氧化碳（CO_2）气体作为电弧介质并保护电弧和焊接区的电弧焊。

一、CO_2 气体保护焊的工作原理

CO_2 气体保护焊采用短路弧法，以一定速度供给的焊丝为一个电极，以焊件的金属为另一个电极。通电工作时，焊丝与焊件接触发生短路，短路电弧产生的热量使焊丝末端与焊件局部熔化，形成熔池，冷却后熔池凝固，即可将焊件焊接到一起。其工作原理如图 3-1 所示。

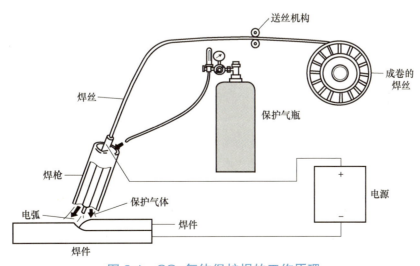

图 3-1　CO_2 气体保护焊的工作原理

在焊接过程中（图 3-2），保护气体对焊接部位进行保护，以免熔融的金属受到空气的氧化。保护气体种类由需要焊接的焊件决定，钢板焊接一般采用二氧化碳（CO_2），车身焊接采用混合气体（CO_2 25%+Ar 75%）。

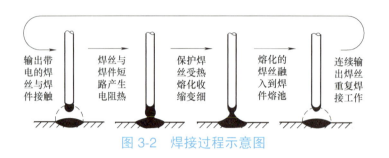

输出带电的焊丝与焊件接触 → 焊丝与焊件短路产生电阻热 → 保护焊丝受热熔化收缩变细 → 熔化的焊丝融入到焊件熔池 → 连续输出焊丝重复焊接工作

图 3-2　焊接过程示意图

在焊接过程中，CO_2 作为保护介质，使电弧及熔池与周围空气隔离，防止空气中的氧气、氮气、氢气等有害气体对焊缝质量造成不良的影响。

二、CO_2 气体保护焊焊接设备及材料

CO_2 气体保护焊焊接设备及材料见表 3-1。

表 3-1　CO_2 气体保护焊焊接设备及材料

名　　称	说　　明	图　　片
焊接电源	焊接电源提供焊接所需要的电流和电压，与其他机构及设备相连	控制部分 送丝机构盖板 电流调节 焊机主机 减压流量调节器 搭铁及电缆　焊枪　电缆
供气系统	供气系统主要由气瓶和减压流量调节器组成。其中，减压流量调节器用于将气瓶中的高压保护气调节成规定流量气体，以满足工作需要	压力指示　压力表 减压流量调节器 气瓶阀 气瓶 气体输出

（续）

名　称	说　　明	图　片
送丝机构	送丝机构用于传送焊丝到焊接部位。焊丝压紧装置在调节压力时，压紧力不能过大也不能过小。若压紧力过大，焊枪导电嘴焊接发生堵塞时，压紧轮的压力就会把焊丝压出导轨并弯曲；若压紧力过小，导向轮会打滑造成焊接不稳定	
焊枪	焊枪可以将焊丝与保护气体引导至焊接部位，焊枪有启动开关，前部有把保护气体导向焊接部位的喷嘴和导电嘴。导电嘴的作用是将焊丝导向熔池并向焊丝输送电流	
焊丝	车身修理中的焊丝牌号是 AWS-ER70S-6，使用的焊丝直径一般为 0.6mm、0.8mm 和 1.0mm。焊丝的表面镀了一层铜合金，既可以提高导电性，又可以起到防氧化生锈的作用。焊丝越细，焊接时产生的热量越少，进入焊件的热量就越少，焊件焊接变形也就变小	

三、焊接时防止金属板件弯曲变形的方法

对接焊是指将 2 个相邻的金属板边缘靠在一起，沿着 2 个金属板相互对接的缝隙进行焊接的一种方法。

进行对接焊时必须注意（尤其是在薄板上），每次焊接的长度不要超过 20mm，防止热量聚集造成板件产生热变形。

车身板件焊接时，要采用分段焊接，待某一段区域的焊缝完全自然冷却后再进行下一区域的焊接。图 3-3 中的 1、2、3、4、5、6、7 为分段焊的先后顺序效果对比。

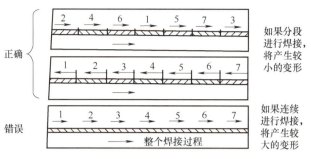

图 3-3 分段焊接示意图

任务实施

CO₂ 气体保护焊焊接参数的调整

修理人员焊接前，需要对焊接电流、电弧电压、保护气体流量、导电嘴与焊件之间的距离、焊接方式与焊枪角度、焊接速度、焊枪喷嘴等参数进行调整。

1. 焊接电流

焊接电流是焊接时流经焊接回路的电流。焊接电流影响焊件焊缝的熔深、焊缝的宽度、焊丝熔化速度、焊接飞溅；焊接电流增大，焊缝熔深、熔宽、飞溅数量均增加。焊接电流的调整见表 3-2。

表 3-2 焊接电流的调整

焊丝直径 /mm	焊件板厚 /mm					
	0.6	0.8	1.0	1.2	1.4	1.6
0.6	20~30A	30~40A	40~50A	50~60A	—	—
0.8	—	—	40~50A	50~60A	60~90A	100~120A
1.0	—	—	—	—	60~90A	100~120A

2. 电弧电压

电弧电压是电弧两端（两电极）之间的电压。依据起弧后的工作状态，可以判断电弧电压调整得是否合适，如果焊接时能听到一股连续的"呲呲"声或轻微的爆裂声，则为正常。从焊缝观察，电弧电压提高则弧长增加，飞溅增加，熔深变浅，焊缝宽平。电弧电压的调整见表 3-3。

3. 保护气体流量

保护气体流量是进行气体保护焊时，通过气路系统送往焊接区的保护气体的流量。保护气体的种类由焊接母材决定，铝合金焊接采用 100% 氩气进行保护，多数钢材使用 CO_2 进行保护。车身板件焊接一般使用混合气体（CO_2 25%+Ar 75%）来保护，具有保护效果好又能稳定电弧的作用；用 CO_2 保护时，焊接熔深会加大，电弧不够稳定，同时焊接飞溅增加。两种焊接效果差异明显，混合气体保护焊效果如图 3-4 所示，CO_2 气体保护焊效果如图 3-5 所示。

表 3-3　电弧电压的调整

序　号	视　　图	说　　明
1		电弧电压过低，电弧的长度减小，焊接熔深增加，焊缝呈狭窄的圆拱状
2		电弧电压正常，电弧长度中等
3		电弧电压过高，电弧的长度增大，焊接熔深减小，焊缝呈扁平状

图 3-4　混合气体保护焊效果

图 3-5　CO_2 气体保护焊效果

焊接时，一般保护气体流量调节至 10~15L/min。气体流量大小会影响焊接质量，若流量太大，气体冲击板件形成涡流从而卷入空气后降低保护效果；若流量太小，空气会混入保护层，保护效果也会降低。焊接时，应根据焊枪和母材之间的距离、焊接速度及焊接环境来合理调整保护气体的流量。

4. 导电嘴与焊件之间的距离

焊枪的喷嘴、导电嘴与焊件之间的距离会直接影响焊接质量，焊接时焊枪与焊件之间位置是根据焊接情况不断变化的。

若导电嘴与焊件之间的距离过大，焊丝长度增加而产生预热，加快了焊丝融化速度，同时保护气体作用会减小；若导电嘴到母材的距离过小，影响焊接视线，并会烧毁导电嘴。其标准距离为7~15mm，如图3-6所示。

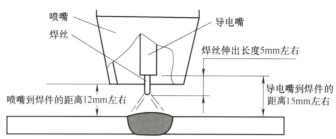

图 3-6　焊枪与焊件焊接距离示意图

5. 焊接方式与焊枪角度

焊接方式有正向和逆向两种，正向焊接的熔深较大且焊缝较平，逆向焊接的熔深较小且焊缝较高。焊接时，焊枪与垂直面夹角约为15°，焊枪与焊件左右方向呈90°。焊接时，在不影响视线的前提下，可以及时调整焊枪角度，如图3-7所示。

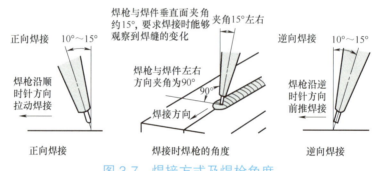

图 3-7　焊接方式及焊枪角度

6. 焊接速度

焊接速度是指单位时间内完成的焊缝长度。焊接时，若焊枪的移动速度过快，焊接的熔深和焊缝的宽度都会减小；若速度过慢，则会产生许多烧穿。一般来说，焊接速度由焊件的厚度和电弧电压来决定。

7. 焊枪喷嘴的调整

焊枪喷嘴的调整见表3-4。

表 3-4　焊枪喷嘴的调整

名　　称	注意事项	图　　示
喷嘴飞溅的处理	如果飞溅黏附在喷嘴的端部，保护气体不能顺利地通过而影响焊接质量，应迅速清除焊接飞溅。可用防溅剂来减少黏附于喷嘴端部的飞溅数量	

（续）

名　　称	注意事项	图　　示
导电嘴的检查	坏了的导电嘴应及时更换，以确保产生稳定的电弧。为了得到平稳的气流和电弧，应适当拧紧导电嘴	焊丝 导电嘴 喷嘴
焊丝端部处理	如果焊丝端部形成了一个大的圆球，将难以产生电弧，所以应立即用偏嘴钳剪去焊丝端头的圆球	焊丝 偏嘴钳 喷嘴 导电嘴 偏嘴钳与喷嘴口平齐剪断焊丝

 技能考核

考核时间	考核项目	分值	自我评价	小组评价	教师评价	企业评价
40min	保护气体流量调节	30				
	焊枪喷嘴调整	30				
	防护用品穿戴	20				
	工具整理	20				
合　　计		100				

课 后 测 评

一、选择题

1. 气体保护焊混合气体中 CO_2 和 Ar 的混合比例为＿＿。

A. 25%+75% 　　　　　 B. 30%+70% 　　　　　 C. 75%+25%

2. 随着焊接电流的增大，焊缝的熔深＿＿。

A. 减小 　　　　　 B. 不变 　　　　　 C. 增加

3. 随着焊接电压的升高，焊缝的熔深会＿＿。

A. 减小 　　　　　 B. 不变 　　　　　 C. 增加

4. 空气中的氢气会使焊缝产生＿＿缺陷。

A. 气孔 　　　　　 B. 焊渣 　　　　　 C. 裂纹

5. CO_2 气体保护焊常见的焊缝缺陷为＿＿。

A. 裂纹 　　　　　 B. 气孔 　　　　　 C. 夹渣

6. 汽车维修焊接中，常用直径____mm 的焊丝进行焊接。

A. 0.6 　　　　　　　　　B. 0.8 　　　　　　　　　C. 1.0

二、判断题

1. CO_2 气体保护焊中，电弧电压提高则弧长增加，熔深变浅，焊缝宽平并使飞溅增多。

（　　）

2. CO_2 气体保护焊中，气体流量越大，对焊缝的保护效果越好。　　　　　（　　）

3. 焊接时，焊接速度越慢，说明焊接越仔细，从而焊接效果越好。　　　　（　　）

4. 国家规定二氧化碳气瓶颜色应涂为乳白色。　　　　　　　　　　　　（　　）

5. 气体保护焊适用于全位置焊接。　　　　　　　　　　　　　　　　　（　　）

6. 气体保护焊是明弧焊，因而便于观察熔池。　　　　　　　　　　　　（　　）

三、简答题

1. 简述 CO_2 气体保护焊的焊接原理。

2. 简述 CO_2 气体保护焊焊机的组成及作用。

3. CO_2 气体保护焊有何优缺点？

4. 请利用网络查找在车身修理中，CO_2 气体保护焊常用焊接方式有哪些。

任务二　平　焊

任务描述

　　一辆比亚迪轿车的车身门槛板局部损坏，进行局部切割与更换时，需对更换部位进行焊接。如何进行规范的焊接呢？

制订维修计划

任务名称	平焊		学时	5	班级	
学生姓名			学生学号		任务成绩	
实训设备			实训场地		日期	
实训任务	利用 CO_2 气体保护焊平焊，修复损伤车身部位					
任务目标	掌握 CO_2 气体保护焊平焊方法					

一、资讯

1. CO_2 气体保护焊焊接时，气体流量一般调节到＿＿＿＿＿＿＿＿＿＿L/min。

2. CO_2 气体保护焊焊接时，常用焊接形式有两种，分别是＿＿＿＿＿＿＿＿、＿＿＿＿＿＿＿＿。

3. 简述 CO_2 气体保护焊的焊接设备的组成。

_____

_____

二、制订计划

根据任务要求，确定所需要的设备、工具，并对小组成员进行合理分工，制订详细的实施计划。

1. 小组成员分工。

2. 平焊修复计划。

 知识准备

平焊是指在水平面上进行的焊接作业，也就是焊接工件处于水平位置。通常，焊接接头的焊缝面和地面平行。平焊比较容易进行，而且焊接速度较快，能够得到最好的焊接熔深。所以对从汽车上拆卸下的零部件进行焊接时，应尽量将它放在能够进行平焊的位置，如图 3-8 所示。

图 3-8　平焊

 任务实施

平焊在汽车车身上的应用

1. 平焊定位焊

平焊定位焊实际上是临时焊缝，在永久焊接前，用一种很小的临时焊缝来取代定位装置，保持两焊件相对位置固定不变，如图 3-9 所示。

扫一扫

平焊

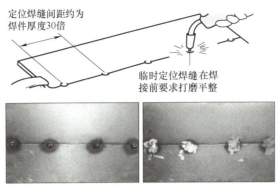

图3-9　定位焊工艺

各定位焊缝的距离大小和母材厚度有关，一般，其距离为母材厚度的15~30倍。

2. 连续焊接

如图3-10所示，第1个焊点起弧焊接时间要稍微长一些，要求熔深焊透，下点起弧在前1个焊点边缘，采用二分之一重叠方法焊接即可，如图3-11所示。

图3-10　连续焊接

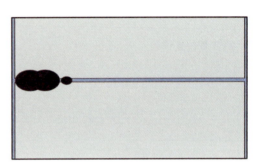

图3-11　二分之一重叠焊接

3. 平焊塞焊

两块金属板叠放在一起，在其中一块焊件上打孔，用熔化金属将此孔填满而形成焊点称为塞焊。

在修理时，塞焊经常代替电阻点焊。通常塞焊结构性板件上孔的直径为8mm，塞焊装饰性板件上孔的直径为5mm。塞焊时，要求每个孔一次完成，避免二次焊接。焊接不同厚度的板件时，应将较薄的板件放在上面进行焊接，如图3-12所示。

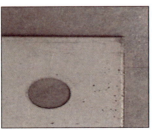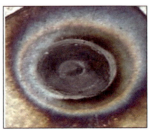

图3-12　塞焊

说明

对于 8mm 及以上焊孔，焊枪应沿孔边缘缓慢作圆周移动；8mm 以下焊孔应将焊丝对准孔中心固定不动，进行塞焊。

 技能考核

考核时间	考核项目	分值	自我评价	小组评价	教师评价	企业评价
40min	防护用品穿戴	20				
	焊接参数调整	30				
	焊接质量	40				
	工具整理	10				
	合　计	100				

课后测评

一、选择题

1. 平焊定位焊时，定位焊间距为板件厚度的____倍。

A. 15~30　　　　　　　　B. 30~45　　　　　　　　C. 45~50

2. 焊接时，气体流量一般调节到____L/min。

A. 10~15　　　　　　　　B. 5~10　　　　　　　　C. 15~20

二、判断题

1. 塞焊一个孔时，可以多次焊接，直至满意为止。　　　　　　　（　　　）

2. CO_2 气体保护焊中，为减少板件热变形，应采取分段焊。　　（　　　）

三、简答题

1. 平焊焊接时，安全注意事项有哪些?

2. 简述平焊焊接过程。

任务三　立　焊

任务描述

一辆比亚迪轿车的车身右前门板局部损坏，产生竖向裂纹，为了进行修复，需要对裂纹部位进行立焊。如何进行规范的立焊呢？

制订维修计划

任务名称	立焊		学时	5	班级	
学生姓名			学生学号		任务成绩	
实训设备			实训场地		日期	
实训任务	利用 CO_2 气体保护焊立焊，修复损伤车身部位					
任务目标	掌握 CO_2 气体保护焊立焊方法					

一、资讯

1. CO_2 气体保护平焊焊接时，所需工具有哪些？

2. CO_2 气体保护焊焊接时，定位焊焊缝间距选取原则是什么？

3. 简述立焊焊接的操作规程。

二、制订计划

根据任务要求，确定所需要的设备、工具，并对小组成员进行合理分工，制订详细的实施计划。

1. 小组成员分工。

2. 立焊修复计划。

知识准备

　　立焊是指在垂直面上进行的垂直焊接作业，即焊接接头的焊缝面与水平面垂直。焊缝倾角 90°（向上立焊）、270°（向下立焊）的位置称为立焊位置。它沿接头由上而下或由下而上焊接，如图 3-13 和图 3-14 所示。

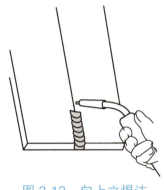

图 3-13　向上立焊法

图 3-14　向下立焊法

 任务实施

立焊在汽车车身上的应用

1. 立焊定位焊

　　和平焊定位焊一样，立焊定位焊也是临时焊缝，是用于保持 2 个焊件相对位置固定不变的一种替代措施，如图 3-15 所示。

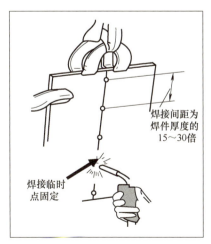

焊接间距为
焊件厚度的
15～30 倍

焊接临时
点固定

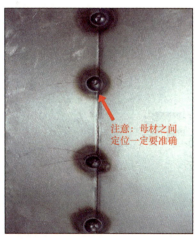

注意：母材之间
定位一定要准确

图 3-15　定位焊工艺

　　各定位焊缝的距离大小和母材厚度有关，一般情况下，其距离为母材厚度的 15～30 倍。

2. 连续焊接

如图 3-16 所示, 第一个焊点起弧焊接时间要稍微长一些, 要求熔深焊透, 下点起弧在前 1 个焊点边缘, 采用二分之一重叠方法焊接即可, 如图 3-17 所示。

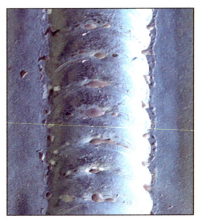

图 3-16　连续焊接

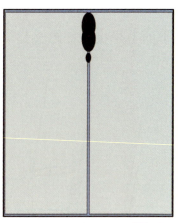

图 3-17　二分之一重叠焊接

3. 立焊塞焊

两块金属板叠放在一起, 在其中一块板件上打孔, 用熔化金属将此孔填满而形成焊点称为塞焊。

通常焊接结构性板件上孔的直径为 8mm, 焊接装饰性板件上孔的直径为 5mm, 焊接 6mm 以下孔时, 不需要旋转, 直接一次性焊满。塞焊时, 要求每个孔一次完成, 避免二次焊接。焊接不同厚度的板件时, 应将较薄的板件放在上面进行焊接, 如图 3-18 所示。

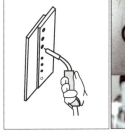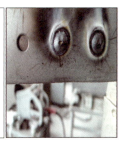

图 3-18　塞焊焊接

 ## 技能考核

考核时间	考核项目	分值	自我评价	小组评价	教师评价	企业评价
40min	防护用品穿戴	20				
	焊接参数调整	30				
	焊接质量	40				
	工具整理	10				
	合　计	100				

课 后 测 评

一、选择题

1. 焊缝较长时最好先____一下。

A. 塞焊　　　　　　　　B. 对接焊　　　　　　　　C. 定位焊

2. 塞焊____孔时，不需要旋转，直接一次性焊满即可。

A. 6mm　　　　　　　　B. 8mm　　　　　　　　C. 10mm

3. 焊缝倾角为____（向上立焊），270°（向下立焊）的位置称为立焊位置。

A. 180°　　　　　　　　B. 90°　　　　　　　　C. 45°

二、判断题

1. 塞焊的焊点应略高于焊件平面，但过高将给打磨带来困难。　　　　　　（　　）

2. 对接焊时，每次焊接长度不要超过 20mm。　　　　　　　　　　　　（　　）

三、简答题

简述焊接时防止金属变形的方法。

任务四　横　焊

任务描述

一辆吉利轿车左后车门局部损坏，撞击时产生横向裂纹，修复时需对裂纹部位进行横焊。如何规范地进行横焊呢？

制订维修计划

任务名称	横焊		学时	5	班级	
学生姓名			学生学号		任务成绩	
实训设备			实训场地		日期	
实训任务	利用 CO_2 气体保护焊横焊，修复损伤车身部位					
任务目标	掌握 CO_2 气体保护焊横焊方法					

一、资讯

1. 焊接时，需要做哪些安全防护工作？

2.简述 CO_2 气体保护焊焊接时防止金属板件变形的方法。

二、制订计划

根据任务要求,确定所需要的设备、工具,并对小组成员进行合理分工,制订详细的实施计划。

1.小组成员分工。

2.横焊修复计划。

 知识准备

横焊是指在垂直面上进行的水平焊接作业,即焊接接头的焊缝面与水平面平行。焊接垂直或倾斜平面上水平方向的焊缝,应采用短弧焊接,焊件垂直放置,选用小电流和小直径焊丝进行焊接。焊接时,焊枪由左至右成 80° 做直线运动,如图 3-19 所示。

> **注意**
>
> 横焊水平焊缝时,应使焊枪向上倾斜,角度以 80° 为宜,以避免重力对熔池金属的影响而产生下淌。

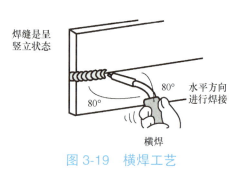

图 3-19　横焊工艺

 任务实施

扫一扫

横焊

横焊在汽车车身上的应用

1. 横焊定位焊

横焊定位焊也是临时焊缝,是用于保持 2 个焊件相对位置固定不变的一种普遍替代措施,如图 3-20 所示。

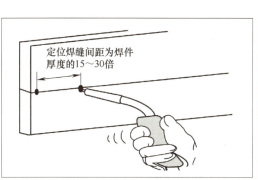

图 3-20　定位焊工艺

2. 连续焊接

横焊焊枪的行走方向、方式和平焊基本一致，常从左至右焊接。第 1 个焊点起弧焊接时间要稍微长一些，要求熔深焊透，下点起弧在前 1 个焊点边缘，采用二分之一重叠方法焊接即可。

3. 横焊塞焊

在修理时，塞焊经常代替车身上的电阻点焊，通常焊接结构性板件上孔的直径为 8mm，装饰性板件上孔的直径为 5mm。塞焊时，要求每个孔一次完成，避免二次焊接。焊接不同厚度的板件时，应将较薄的板件放在上面进行焊接，如图 3-21 所示。

图 3-21　塞焊焊接

 技能考核

考核时间	考核项目	分值	自我评价	小组评价	教师评价	企业评价
40min	防护用品穿戴	20				
	焊接参数调整	30				
	焊接质量	40				
	工具整理	10				
合　计		100				

课后测评

一、选择题

1. 汽车维修焊接中，常用直径____mm 的焊丝进行焊接。

A. 0.6   B. 0.8   C. 1.0

2. 焊接时，发现焊缝较窄，这时应该____。

A. 增加电压   B. 降低电流   C. 加快焊接速度

3. 若焊接速度过慢，容易产生____。

A. 气孔   B. 夹渣   C. 烧穿

二、判断题

1. 焊接 8mm 孔时，应将焊丝对准孔中心固定不动。   （ ）

2. 在进行 CO_2 气体保护焊时，气体流量应控制在 10~15L/min。 （ ）

三、简答题

简述横焊的定义及操作注意事项。

任务五 仰 焊

任务描述

  一辆奇瑞轿车的 C 柱局部损坏，进行局部切割与更换时，需对更换部位进行仰焊。如何进行正确的仰焊呢？

制订维修计划

任务名称	仰焊		学时	5	班级	
学生姓名			学生学号		任务成绩	
实训设备			实训场地		日期	
实训任务	利用 CO_2 气体保护焊仰焊，修复损伤车身部位					
任务目标	掌握 CO_2 气体保护焊仰焊方法					

一、资讯

1. CO_2 气体保护焊焊接位置有 4 种，分别是什么？

2. 用于保护焊的二氧化碳混合气体主要有 2 种，分别是什么？

3. 大孔塞焊和小孔塞焊的焊接区别有哪些？

二、制订计划
根据任务要求，确定所需要的设备、工具，并对小组成员进行合理分工，制订详细的实施计划。
1. 小组成员分工。

2. 仰焊修复计划。

 知识准备

仰焊是指焊接工件的焊缝面朝下，焊工需要从下方进行的焊接。它的焊接位置处于水平面下方。仰焊是焊缝呈悬挂倒置放置，焊枪朝上进行焊接，熔池是悬挂的，为 4 种焊接形式中最难掌握的一种，如图 3-22 所示。由于受重力作用，焊接时，熔化金属容易落到喷嘴甚至操作人员身上，产生设备故障和人员安全事故。所以在仰焊焊接时，一定要采用较快的送丝速度、较短的电弧和较小的金属熔滴，并使电弧和金属熔滴互相接近。将气体喷嘴推向焊件，沿焊缝均匀地移动焊枪。

焊缝呈倒置悬空状态

焊枪朝上进行焊接，焊接熔池悬挂状态

图 3-22 仰焊

 任务实施

仰焊在汽车车身上的应用

1. 仰焊定位焊

仰焊定位焊实际上是临时焊缝，在永久焊接前，用一种很小的临时焊缝来取代定位装置，保持 2 个焊件相对位置固定不变，如图 3-23 所示。

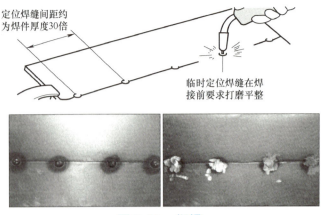

定位焊缝间距约
为焊件厚度30倍

临时定位焊缝在焊
接前要求打磨平整

图 3-23 仰焊

定位焊缝的距离大小和母材厚度有关，一般，其距离约为母材厚度的 30 倍。注意，母材之间定位一定要准确无误。

2. 连续焊接

第一个焊点起弧焊接时间要稍微长一些，要求熔深焊透，下点起弧在前 1 个焊点边缘，采用二分之一重叠方法焊接即可。

3. 仰焊塞焊

仰焊塞焊和横焊塞焊焊接工艺基本相同，但仰焊塞焊时熔池由于受重力作用容易下流，所以焊接成形难度更大。为了防止金属熔液溅到操作人员身体造成伤害，焊接时一定要做好头部和身体防护。实际工作中，为了安全和操作方便，应当尽可能地将仰焊塞焊转化成其他 3 种塞焊形式。

在修理时，塞焊经常代替车身上的电阻点焊，通常焊接结构性板件上孔的直径为 8mm，装饰性板件上孔的直径为 5mm。焊点塞焊时要求每个孔一次完成，避免二次焊接。焊接不同厚度的板件时，应将较薄的板件放在上面进行焊接，如图 3-24 所示。

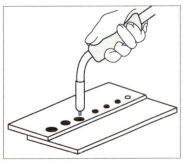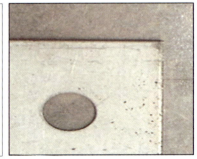

图 3-24 塞焊焊接

技能考核

考核时间	考核项目	分值	自我评价	小组评价	教师评价	企业评价
40min	防护用品穿戴	20				
	焊接参数调整	30				
	焊接质量	40				
	工具整理	10				
合　　计		100				

课 后 测 评

一、选择题

1. CO_2 气体保护焊中，____将焊丝按一定的速度供给焊接区域。

A. 焊枪　　　　　　　　B. 送丝机构　　　　　　　　C. 供气装置

2. 仰焊对接焊时，焊接前2个板件通过____来进行固定。

A. 大力钳　　　　　　　B. 用手拿住　　　　　　　　C. 不需固定

二、判断题

1. 气体保护焊焊丝直径根据焊件厚度、生产效率等要求来选择。　　　　（　　）

2. CO_2 气体保护焊适合于全位置焊接。　　　　（　　）

3. 进行气体保护焊时，瓶内气体压力小于1MPa时，应停止使用。　　　　（　　）

三、简答题

简述进行塞焊时的注意事项。

任务六　电阻点焊

任务描述

一辆比亚迪轿车的C柱局部损坏，进行局部切割与更换时，需对更换部位进行电阻点焊。如何正确地进行电阻点焊呢？

制订维修计划

任务名称	电阻点焊		学时	6	班级	
学生姓名			学生学号		任务成绩	
实训设备			实训场地		日期	
实训任务	掌握电阻点焊焊接方法，修复损伤车身					
任务目标	掌握电阻点焊设备组成及功能、掌握电阻点焊焊接原理					

一、资讯

1. 电阻点焊焊接三要素为_____、_____、_____。

2. 电阻点焊设备的组成一般有_____。

3. 简述电阻点焊的焊接原理。

_____

_____

二、制订计划

根据任务要求，确定所需要的设备、工具，并对小组成员进行合理分工，制订详细的实施计划。

1. 小组成员分工。

2. 电阻焊修复计划。

知识准备

　　电阻点焊是将焊件装配成搭接接头，并压紧在两电极之间，利用电阻热熔化母材金属，形成焊点的电阻焊方法。电阻点焊属于压力焊，通过低压电流流过夹紧在一起的2块金属板产生电阻热，局部熔化金属板并施加压力使之焊接在一起。电阻点焊是汽车制造厂在流水线对整体式车身进行焊接最常用的一种焊接方法。车身上90%以上的焊接采用电阻点焊，如图3-25所示。

图3-25　电阻点焊

一、电阻点焊的工作原理

　　电阻点焊利用低电压、高强度的电流通过电极接触点加热，并在外加压力作用下使金属接触点附近的金属熔化，经冷凝形成焊点，如图3-26所示。

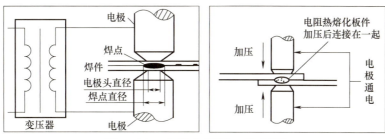

图 3-26　电阻点焊的工作原理

二、电阻点焊的优点

电阻点焊的优点见表 3-5。

表 3-5　电阻点焊的优点

序　号	优　点
1	焊接成本低，不消耗焊丝、焊条或气体
2	清洁，焊接时不产生烟或蒸气
3	焊接部位灵活，且对镀锌板的焊接有效
4	焊接接头的外观质量与制造厂接头相同，不需要对焊缝进行研磨，而且焊点强度高、受热范围小、焊件不易变形

三、电阻点焊设备的组成

电阻点焊设备的组成见表 3-6。

表 3-6　电阻点焊设备的组成

名　称	说　明	图　片
机械装置	机械装置由有关夹持焊件及相关传动机构组成。大多数电阻点焊机都带有一个加力机构，可以产生很大的电极压力来稳定焊接质量	
供电装置	以变压器为主，将 220V 或 380V 的高压小电流转变成 2~5V 的低压大电流进行焊接	

63

（续）

名　　称	说　　明	图　　片
辅助装置	电阻点焊配备的各种焊臂能够焊接车身不同位置的焊件。应根据焊接部位来选择焊臂。在焊接长度允许的情况下，应尽量采用较短的焊臂	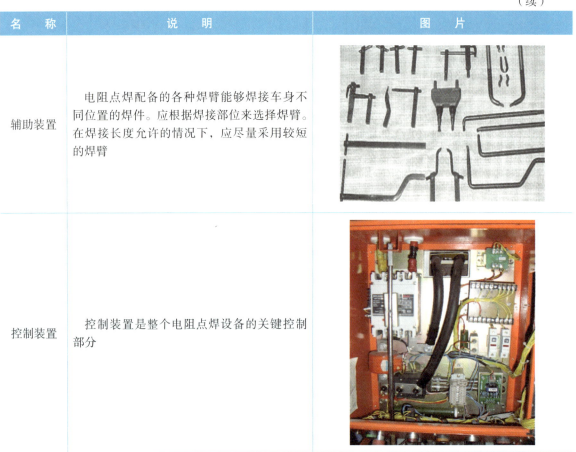
控制装置	控制装置是整个电阻点焊设备的关键控制部分	

　　电阻点焊设备完成1个焊点，仅需1s时间，由于整个过程非常短暂，稍不留意，可能影响焊点质量，因此在焊前应做好充分的准备工作，见表3-7。

四、电阻点焊三要素

　　电阻点焊焊接质量受压力大小（焊接压力）、电流大小（焊接电流）和通电时间3个要素影响，见表3-8。

表3-7　电阻点焊设备的准备工作

名　　称	说　　明	图　　片
防腐处理	焊件表面有油漆、锈斑、油污或其他污染物都会影响焊接质量，所以焊接前要将焊件表面清理干净。焊件焊接后，其内侧就没有办法进行防腐处理，所以焊接前要在焊件内侧表面均匀地涂上导电系数较高的防锈剂，然后才能进行焊接	电极与焊件之间、焊件与焊件之间的接触面要干净　电极　焊件　电极　焊接前焊接部位涂满防锈剂　将防锈剂涂在所有裸露金属的部位

（续）

名　称	说　明	图　片
处理焊缝间隙	焊接表面清理干净后，焊件之间的任何间隙都会影响电流的通过，如果不消除这些间隙就进行焊接，焊接部位焊接强度将会降低。因此，焊接前要将焊件整平，再用夹紧装置将其夹紧	焊件接合很好，可以焊接　正确 错误　焊件接合不好，不能焊接

表 3-8　电阻点焊焊接三要素

名　称	说　明	图　片
焊接压力	压力太小时，会引起焊点过大，同时产生大量焊接飞溅物；压力过大时，电极头压入工件太深从而引起焊点过小。焊接压力过大、过小都影响焊接质量	施加到电极上的压力偏大时，焊点直径会偏小　施加到电极上压力要在规定范围以内　　施加到电极上的压力偏小时，焊点直径会偏大
焊接电流	通过焊点外观可以大概判断电流的大小。电流过大时，焊点会变大，电极头接触的中间焊接点颜色发黑变深；电流正常时，中间焊接点颜色与焊接前差不多。焊接电流是通过参数指引、外观检查和焊点质量检查来调节的	焊点的中心圆颜色发黑变深　焊点的中间圆颜色发黑变深　焊点外圆直径变大、颜色发黑　　焊点的中心圆颜色保持原色　中间圆的颜色与中心圆颜色边缘分明　焊点外圆直径适中、颜色变深
通电时间	焊接通电时间和加压时间是连在一起的，都是焊接质量非常重要的因素，时间太短会使金属熔合不够紧密，时间太长会使板件焊接热过高引起变形，合适的时间才能使焊点正好熔合	见下表

板厚 / mm	电极直径 / mm	焊接压力 / N	通电时间 / s	焊接电流 / A
1	5	1000~2000	0.2~0.4	6000~8000
1.2	5	1000~2500	0.25~0.5	7000~10000
1.3	6	1500~3500	0.25~0.5	8000~12000
2	8	2500~5000	0.35~0.6	9000~14000

 任务实施

一、电阻点焊操作要点

电阻点焊操作要点见表 3-9。

表 3-9 电阻点焊操作要点

名 称	说 明	图 片
焊接角度	电极和金属板之间的夹角为90°，否则，电流强度便会减小，会降低焊接接头的强度	
多层板的焊接	当3层或更多层的金属重叠在一起时，应进行2次点焊或加大焊接电流	
焊点数目	修理厂的电阻点焊机功率一般比制造厂的小，因此在修理时，焊点数目应比原来的数量增加30%	
焊接顺序	为了降低热变形，焊接时应采取跳焊的方式进行。当电极头发热并改变颜色时，应停止焊接使其冷却	
角落半径部位	不要对角落的半径部位进行焊接。若对这个部位焊接，将产生应力集中而导致开裂	

二、焊点质量检验

焊点的检验方法主要为破坏性实验和非破坏性实验2种。扭曲实验和撕裂实验都属于破坏性实验。电阻点焊焊接质量的检验见表3-10。

表 3-10 电阻点焊焊接质量检验

名 称	说 明	图 片
扭曲实验	扭曲后，在其中1片焊片上应留下1个与焊点直径相同的孔。如果该孔过小或没有孔，说明焊点的焊接强度太低，需要重新调整参数	

（续）

名　称	说　明	图　片
撕裂实验	撕裂后，在其中 1 个焊片上留有 1 个大于焊点直径的孔。如果留下的孔过小或根本没有孔，需重新调整焊接参数	
非破坏性实验	将錾子插入焊接的 2 层金属板之间，并轻敲錾子的端部，直到在 2 层金属板之间形成 3~4mm 的间隙（当金属板厚度大于 1mm 时）	錾子 用锤子轻轻地敲打

 技能考核

考核时间	考核项目	分值	自我评价	小组评价	教师评价	企业评价
40min	防护用品穿戴	20				
	焊接设备参数调整	30				
	焊接质量无缺陷	40				
	工具整理	10				
	合　　计	100				

课 后 测 评

一、选择题

1. 电极头错位会引起焊接电压不够，造成____不足，从而降低焊接强度。

A. 电压　　　　　　　　　B. 电流　　　　　　　　　C. 电阻

2. 利用点焊修理汽车时，焊点数目应比原来的数量增加____。

A. 20%　　　　　　　　　B. 30%　　　　　　　　　C. 40%

3. 焊点间距是指____电阻点焊焊点熔核之间的距离。

A. 2 个　　　　　　　　　B. 3 个　　　　　　　　　C. 4 个

4. 焊接根据焊接位置不同可分平焊、____和仰焊。

A. 气焊　　　　　　　　　B. 横焊　　　　　　　　　C. 立焊

二、判断题

1. 点焊焊接时，电极头与焊件夹角成 90°。　　　　　　　　　　　　　　　（　　　）

2. 点焊时，为减少金属热效应带来的变形，应采取跳焊的方式进行。　　　（　　　）

3. 点焊焊接前，要将焊件整平，如果不消除间隙就进行焊接，焊接部位将会降低焊接的强度。　　　　　　　　　　　　　　　　　　　　　　　　　　　　　（　　　）

4. 一般情况下，电极头直径增大，焊点直径就减小；反之，电极头直径减小，焊点直径就增大。　　　　　　　　　　　　　　　　　　　　　　　　　　　　　　　（　　　）

三、简答题

1. 简述电阻点焊焊接的工作原理。

2. 简述焊点质量的检验方法。

3. 简述电阻点焊的注意事项。

4. 简述电阻点焊的工艺步骤。

项目四　钣金手工成形

项目目标

知识目标：	技能目标：	素养目标：
1. 掌握金属板件的画线方法	1. 能利用放边和收边工艺制作凹曲线弯边零部件	1. 培养学生独立思考、解决问题的能力
2. 掌握金属板件的剪切方法	2. 能制作盆形件	2. 使学生树立精益求精的工匠精神
3. 掌握金属板件的各种手工成形方法		

任务一　收边与放边

任务描述

收边与放边是利用合适的工具将零部件某一边收缩或伸长的方法来制造凹凸曲线，以达到预期效果的工艺方式。本任务要学习如何进行收边与放边操作。

制订维修计划

任务名称	收边与放边	学时	8	班级	
学生姓名		学生学号		任务成绩	
实训设备		实训场地		日期	
实训任务	制订工作计划，完成盆形件的制作				
任务目的	通过收边与放边的学习，为车身修复手工成形打下良好的基础				

一、资讯

1. 收边与放边的作用是什么？

2. 收边的常用方法有哪两种?

二、制订计划

根据任务要求,确定所需要的仪器、工具、防护用品,并对小组成员进行合理分工,制订详细的实施计划。

1. 小组成员分工。

2. 实施计划。

 知识准备

一、收边

 收边是指角形件某一边材料被收缩,用长度减小、厚度增大的方法来制造内弯的零部件。收边方法如图4-1所示。

先用折皱钳起皱,将板边起皱后,再收边,在规铁上用木锤敲平,使板件边缘变厚。图4-1中,图a是成品图。图b是用折皱钳起皱。折皱钳用直径8~10mm的圆钢弯曲后焊成,圆钢表面要光滑,以免划伤工件表面。图c是折皱并弯曲后的状态。图d是使用橡胶打板进行收边,在修整零部件时,用橡胶抽打,使材料收缩。橡胶打板用中等硬度,宽度60~70mm、厚度15~40mm的橡胶板制造,长度可根据需要确定。然后如图e所示用木锤打平。图f将坯料夹在形胎上,用铝锤顶住坯料,用木锤敲打顶住部分,这样坯料逐渐被收缩靠胎。

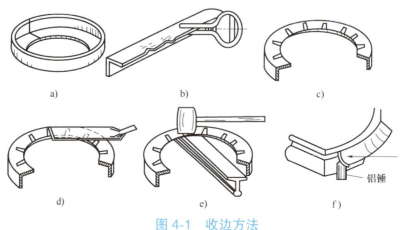

图 4-1 收边方法

二、放边

制造凹曲线弯边的零部件，例如直角弯曲件的外弯，可将直线型角材放在铁砧或平台边上锤放角材边缘，如图 4-2 所示，使边缘材料厚度变薄、面积增大、弯边伸长，越靠近角材边缘伸长越大，越靠近内缘伸长越小。这样，直线型角材就逐渐被锤放成了曲线弯边角材。放边时，角材底面必须与铁砧表面保持水平，握持角钢的手不能太高或太低，否则在放边过程中角材会产生翘曲。锤痕要均匀并呈放射形，锤击中心的面积占弯边宽度的 3/4，不能锤击角材根处，只锤击要弯曲的部分，有直线段的角形零部件，在直线段内不能敲打。在放边过程中，材料会产生冷作硬化，发现材料变硬后，要退火处理，否则易破裂。在操作过程中，随时用样板检查外形，达到要求后要进行修整、校正。

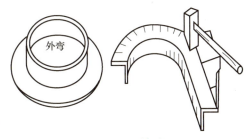

图 4-2　放边

 任务实施

一、收边

收边是利用角形材料某一边的收缩，长度减小、厚度增大来制造凸曲线弯边零部件的方法。

收边的常用方法见表 4-1。

二、放边

放边是通过锤击使零部件一边变薄伸长的工艺方法。放边的常用方法见表 4-2。

表 4-1　收边的常用方法

名　称	说　明	图　片
用折皱钳起皱	步骤 1：将零部件折弯，如右图 a 所示 步骤 2：校直直角料，使之平直 步骤 3：用折皱钳使收缩边起皱褶，如右图 b 所示 步骤 4：收缩边边缘长度减小，使角料呈圆弧形，如右图 c 所示 步骤 5：放在铁砧上用铁锤敲平，如右图 d 所示 步骤 6：锉削毛边	a) 折弯　　b) 收缩边起皱褶 c) 角料呈圆弧形　　d) 敲平

（续）

名　称	说　明	图　片
搂弯收边	将坯料夹在型胎上，用铝棒顶住毛坯，用木锤敲打顶住部分，使板料弯曲逐渐被收缩靠胎	

表4-2　放边的常用方法

名　称	说　明	图　片
打薄放边	制造凹曲线弯边的零部件，可用直线型角材在铁砧或平台上锤放直角料边缘，使边缘材料变薄、面积增大、弯边伸长。锤放时，注意锤放力度，使靠近内缘的材料伸长较小，靠近直角料边缘的材料伸长较大	锤痕要呈放射状，并要均匀 零部件底面要和铁砧面成水平 a) 正确 角材位置太高 不可敲在过渡圆角处 b) 不正确
胎型放边	在胎型上放边也可实现钣金件的放边要求。将毛坯置于胎型上，用顶木抵住相应的部位，用木锤敲击顶木即可实现使金属材料延展、伸长的目的	

技能考核

考核时间	考核项目	分值	自我评价	小组评价	教师评价	企业评价
	合理、规范地穿戴防护用品	5				
	规范地使用工具	20				
	收边的具体操作步骤	20				
50min	收边的效果	20				
	放边的具体操作步骤	20				
	放边的效果	10				
	5S 管理	5				
合　计		100				

课 后 测 评

一、选择题

1. 用＿＿方法，可以将直线型角材收成一个凸线弯边的工件。

A. 放边　　　　　　　B. 收边　　　　　　　C. 拔缘

2. 在放边的过程中，材料会产生冷作硬化，发现材料变硬后，要＿＿，否则易打裂。

A. 退火处理　　　　　B. 淬火处理　　　　　C. 渗碳处理

二、判断题

1. 拱曲是用手工操作将金属材料沿直线和曲线弯曲成一定角度或弧度的工艺过程。　　（　　　）

2. 拱曲是把较薄的金属板料锤击成凹面形状的零件。　　（　　　）

3. 收边是使钣金零件的边缘或周沿增厚或收缩内弯成形的方法，分为起皱钳收边和起皱模收边 2 种方法。　　（　　　）

三、简答题

1. 简述弯曲的特点。

2. 简述拱曲的操作方法。

任务二　盆形件的制作

任务描述

制作盆形件是钣金手工成形项目中最为典型的任务。本次任务要求熟练运用收边与放边操作，完成盆形件的制作。

制订维修计划

任务名称	盆形件的制作		学时	7	班级	
学生姓名			学生学号		任务成绩	
实训设备			实训场地		日期	
实训任务	制订工作计划，完成盆形件的制作					
任务目的	通过手工制作盆形件以达到对受损板件进行完美的修复					

一、资讯

1. 对车身进行检查时，发现车身板件有锐利的边缘，应怎样处理？

2. 弹性变形和塑性变形的关系是什么？

二、制订计划

根据手工制作的目标和任务要求，确定所需要的仪器、工具、防护用品，并对小组成员进行合理分工，制订详细的实施计划。

1. 小组成员分工。

2. 实施计划。

知识准备

要将薄板制作成为燃油箱、机壳或者电柜等物品，可以完全采用焊接、螺栓连接或铆接等方法将板料拼接起来完成。但是，这样做成的制品除了外形很不美观外，其强度也很差。如果要保证其强度，就得增加材料的厚度，或者在其薄弱处另外衬上加强用的钢骨架。这样一来，不仅增加了工作量和材料，而且制品也变得很笨重。

如果在制作过程中采用钣金工艺，这些问题就可以得到极大的改善。钣金工艺最主要的就是冲压。冲压就是冲切与压力加工，冲切就是常说的冲孔、落料、切边等常用的工艺，压力加工通常指成形，它包括翻边、折弯、拉深以及一些特殊造型的形成等。

常见的车身板件腐蚀与撕裂损伤，例如车轮眉碰撞损伤如图 4-3 所示，翼子板腐蚀穿孔如图 4-4 所示。

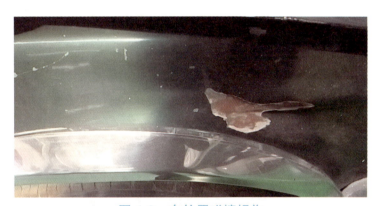
图 4-3　车轮眉碰撞损伤

图 4-4　翼子板腐蚀穿孔

在车身修理作业中经常会遇到一些腐蚀、残损的装饰性钣金外板件，如果采取更换法修复，修理成本会很大，在不影响车身结构安全的前提下，采用手工制作的板件来修复更换，其成本可降低很多。所以，手工制作成形是汽车车身修复钣金专业学生必须掌握的基础理论及修理技能，见表 4-3。

表 4-3 学生必须掌握的基础理论及修理技能

名　称	说　明
防护用品的使用	佩戴好个人安全防护用品：工作服、工作帽、工作鞋、手套、防护眼睛、耳塞等
工具的使用	熟练地使用工具：顶铁、夹具、撬具、锤子等
理论基础知识	掌握基本的汽车钣金收边与放边的基础知识
手工制作技能	掌握薄钢板錾切、弯曲、制筋、外拔缘、内拔缘、拱曲等

 任务实施

一、灰簸箕的制作

图 4-5 为灰簸箕的施工图，采用 0.5mm 厚镀锌板制作。角缝要咬口，咬口余量分别为 5mm、6mm、7mm，其他边缘是卷边。

下料方法如图 4-5 所示，先画出底板，尺寸为 300mm×340mm，再画出两个侧板，起高 20mm 画 45° 线，画板宽 70mm。在四周加宽 6mm 作为卷边量。后板角处是角缝双扣咬门。卷边量应为（7+5）mm=12mm。一般的做法是往前卷缝，在后板上加 7mm+5mm=12mm、在侧板加 6mm 作为咬口量。

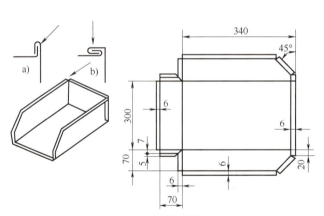

图 4-5　灰簸箕的施工图

折弯、咬合顺序如下：

1）利用钢轨和拍板折后板与底板成 90°。

2）折两侧板两端的咬口边，以备与侧板相咬合。

3）折侧板的直角。折弯时，可用双手将板料压在钢轨的棱角上。为不妨碍两侧板折弯，后板折弯应略小于 90°。

4）扣合后板与侧板，如图 4-5a 所示。扣合后，翻转灰簸箕扣放于钢轨上打合咬口，如图 4-5b 所示。

5）将 4 边卷边制出。簸箕前端的卷边应压实变薄。簸箕可以加梁，梁的断面两端是卷边，中间制筋，用铁铆钉铆接。

灰簸箕的制作实训评分表见表 4-4。

表 4-4　灰簸箕的制作实训评分表

班级：_____　　姓名：_____　　考评总分：_____

实训配时：120min　开始时间：_____　　完成时间：_____

考核项目	考核内容	评分标准	分值	扣分
灰簸箕的制作	尺寸大小应符合图样的要求	尺寸误差超过 ±1mm，每处扣 2 分，扣完为止	14	
	平面的垂直度应符合图样的要求	1. 垂直度误差超过 ±1mm，扣 10 分 2. 垂直度误差超过 ±2mm，扣 20 分	20	
	工件的两边应对称平整	两边不对称或不平整，每处扣 4 分，扣完为止	16	
	工件表面无锤痕、凸起、凹陷或毛边应处理干净	1. 表面平整，有锤痕，扣 3 分 2. 表面较平整，有锤痕，扣 5 分 3. 表面不平整，有毛边，扣 5 分 4. 表面不平整，有凸起或凹陷，扣 7 分	20	
	工件是否咬合	工件的 3 边扣合后未咬合，每处扣 5 分	15	
	操作规范、安全，现场的整理整顿（5S）	1. 未佩戴好防护用品，扣 5 分 2. 未按照规范的流程操作，扣 5 分 3. 未按"5S"整洁，扣 5 分	15	
合　计			100	

二、手工盆形件的制作

图 4-6 为盆形件的施工图，采用 300mm×300mm×0.8mm 冷轧钢板制作。

盆形件的制作步骤见表 4-5。

表 4-5　盆形件的制作步骤

名　称	说　明	图　片
画出正方形制作筋线	制作外形及尺寸均应符合图样要求，制作筋线深度应符合图样尺寸	
剪切折弯边重叠角	要修整板件并去除毛刺	

（续）

名　称	说　明	图　片
敲击筋线	先将外筋线敲击1遍，依据轨迹画好内筋线，将内筋线匀称敲击1遍，反置修整制筋线，直到中间正方形制筋完成，筋线四角圆弧过渡要均匀和顺，无急转或凸棱现象	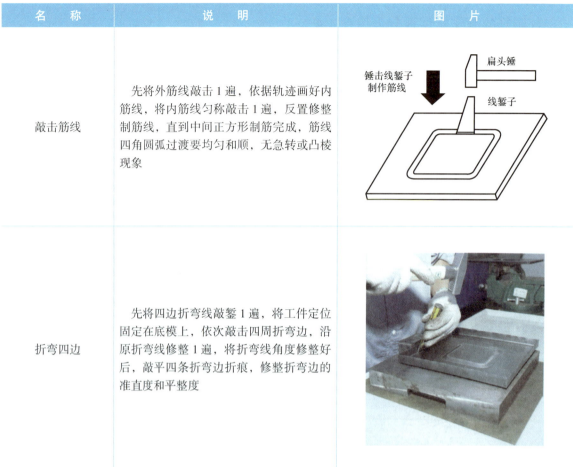
折弯四边	先将四边折弯线敲錾1遍，将工件定位固定在底模上，依次敲击四周折弯边，沿原折弯线修整1遍，将折弯线角度修整好后，敲平四条折弯边折痕，修整折弯边的准直度和平整度	

注意

① 确定尺寸时，应考虑板料的板厚，重点注意尺寸的互补。

② 画线一定要注意折弯的方向。

③ 剪切时，应尽量将被剪部分置于剪刀的右方。

④ 折弯顺序应先外后内，依次弯曲。

⑤ 修整时，防止因敲打不当在板料表面造成锤痕。

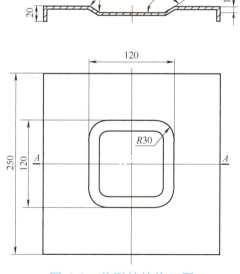

图 4-6　盆形件的施工图

78

手工制作盆形件实训评分表见表 4-6。

表 4-6 手工制作盆形件实训评分表

班级：_____   姓名：_____   考评总分：_____

实训配时：120min 开始时间：_____   完成时间：_____

考核项目	考核内容	评分标准	分值	扣分
手工制作盆形件	制作外形及尺寸均应符合图样要求	实物尺寸不符合图样要求，公差超过±1mm 的，每处扣 2 分，扣完为止	15	
	制作筋线深度应符合图样尺寸	1. 误差超过 ±1mm，扣 10 分 2. 误差超过 ±2mm，扣 20 分	20	
	筋线四角圆弧过渡要均匀和顺，无急转或凸棱现象	圆弧过渡不和顺、不光滑、有急转、凸棱，每处扣 4 分，扣完为止	15	
	制件表面要求平整，无明显锤痕、凸起、凹陷	1. 表面平整，有明显锤痕，扣 3 分 2. 表面基本平整，有明显锤痕，扣 5 分 3. 表面较平整，有锤痕，扣 5 分 4. 表面不平整，锤痕明显，扣 7 分	20	
	工件是否开裂	拉延处开裂，每次扣 2 分，扣完为止	10	
	安全文明作业：遵守安全操作规程，现场整洁（5S）	1. 未佩戴耳塞，扣 5 分 2. 未佩戴防护眼镜，扣 5 分 3. 未按照规范的流程操作，扣 5 分 4. 未按 5S 整洁，扣 5 分	20	
合　　计			100	

技能考核

考核时间	考核项目	分值	自我评价	小组评价	教师评价	企业评价
50min	合理、规范地穿戴防护用品	5				
	规范地使用工具	20				
	灰簸箕制作的具体操作步骤	20				
	灰簸箕的制作效果	20				
	盆形件制作的具体操作步骤	20				
	盆形件的制作效果	10				
	5S 管理	5				
合　　计		100				

课 后 测 评

一、选择题

1. 打磨修整去除____。

A. 毛刺   B. 边缘   C. 杂质

2. 收边用起皱钳将收边部位钳成波纹。要求波纹尽可能稠密，使坯料收缩弯曲至比工件要求的曲率半径____。

A. 大   B. 小   C. 一样

3. 手工剪切短料直线时，____的那部分一般都放在剪刀的右侧。

A. 被剪   B. 剪去   C. 中间

4. 划针一般是由中碳钢或高碳钢制成，要求具有____。

A. 抗压性   B. 耐磨性   C. 耐蚀性

5. 剪切外圆应从右边下剪，按____方向剪切，边料会随着剪刀的移动而向上卷起。

A. 顺时针   B. 逆时针   C. 边顺边逆

二、判断题

1. 剪切短料时，剪去的部分应在剪刀的左侧。   （ ）

2. 剪刀下料时，应考虑长短搭配、零料拼整、排版套裁等问题。 （ ）

3. 反复矫正修整与样板对比，直至表面平滑与样板吻合。   （ ）

4. 收边是使钣金零部件的边缘或周沿增厚，分为起皱钳收边和起皱磨收边 2 种方法。

                            （ ）

三、简答题

1. 简述弯曲的特点。

2. 简述拱曲的操作方法。

3. 简述收边的定义及其操作方法。

4. 简述盆形件的加工方法。

项目五 金属件表面涂装预处理

项目目标

知识目标：	技能目标：	素养目标：
1. 了解底材种类 2. 了解油漆类型 3. 掌握损伤区的打磨操作工艺流程 4. 掌握防锈底漆的施涂方法	1. 能评估损伤区 2. 能规范地打磨损伤区 3. 能规范地施涂防锈底漆	1. 通过规范操作，提升学生的职业道德行为规范 2. 使学生树立工匠精神

任务一 底材处理

任务描述

扫一扫

底材处理

　　一辆吉利轿车左前翼子板受损，钣金修复工作已完成，后面进行喷涂作业。怎样正确地进行损伤区底材处理？

制订维修计划

任务名称	底材处理		学时	6	班级	
学生姓名			学生学号		任务成绩	
实训设备			实训场地		日期	
实训任务	对翼子板的损伤区进行表面预处理					
任务目的	制订工作计划，完成损伤区处理和羽状边的打磨					

一、资讯

1. 常规的打磨工具有哪些？

2. 打磨的作用是什么?

3. 打磨时应该做哪些安全防护?

二、制订计划

根据损伤区面积大小和任务要求，确定所需要的防护工具、打磨工具，并对小组成员进行合理分工，制订详细的实施计划。

1. 小组成员分工。

2. 损伤区处理计划。

 知识准备

一、表面损伤处理

1. 表面损伤处理的重要性

表面损伤处理是一项很重要的工序，对修复后的漆面质量有很大的影响，一旦施涂了面漆，底材就被遮盖。随着时间推移，如果底材表面处理得不好，会导致面漆脱落或褪色。

2. 表面损伤处理的目的

其目的有保护底材金属；防止生锈和起泡；提高各个涂层之间的附着力；恢复形状；填补凹坑和划痕；密封表面；防止吸收面漆涂料。

3. 表面损伤处理的内容

其内容主要包含底材处理、施涂原子灰、施涂中涂底漆、施涂面漆。

4. 表面损伤区的评估

表面损伤区的评估方法见表 5-1。

表 5-1　表面损伤区的评估方法

方　　法	内　　容	图　　片
目视评估法	通过检查车身板件上的反光和在较好的光源下用眼睛平行扫视，即可发现很小的损伤 注意：当旧的涂层被打磨掉后，或光源不足时，不能采用这种办法	
触摸评估法	戴上棉纱手套，从各个方向用手触摸钢板，大范围触摸未损伤区和损伤区域，可以更容易通过触觉感觉到不平的表面，要将注意力集中到手掌上	
直尺评估法	将直尺置于钢板表面，比较未损伤部位、损伤部位和直尺之间的间隙 注意：大多数面板并非笔直，但是却有着非常平滑的表面	
手磨垫块评估法	使用细砂纸打磨受损伤的区域，面板上凹进去的部位就是受损的部位	

二、涂料鉴别

　　将液态的涂料施涂到物体上会形成一层薄膜，薄膜干燥固化后形成硬的"漆膜"。它既能保护底层材料不受外部光线、湿气、雨水等外部因素的侵蚀；又能抑制材料的损坏，延长其使用寿命；还能赋予物体颜色和光泽，使其美观，从而增添产品的吸引力。

1. 涂料的成分

涂料的成分主要有树脂、颜料、溶剂和添加剂等，具体见表5-2。

表5-2　涂料的成分及其作用

成分名称	形状与作用
树脂	有黏性、透明的液体，可形成漆膜
颜料	粉末状物质，为涂料添加颜色和填充剂
溶剂	使颜料和树脂易于混合
添加剂	有多重性能，可提高颜料的性能

2. 涂料的干燥工序

涂料的干燥工序有干燥和固化2种方式，具体见表5-3。

表5-3　涂料的干燥工序

干燥	溶剂蒸发型
固化	氧化聚合型、热聚合型、双组分聚合型

3. 漆面状况的评估

在进行打磨之前，一定要对车身漆面进行仔细评估，还要将碰撞损伤的表面、漆面老化、褪色、碰伤、小划痕等告知客户，以免修补后发生争执。

4. 漆面类型的评估

漆面类型有热塑性和热固性2种（热塑性要防止咬边），具体见表5-4。

表5-4　漆面类型

热塑性油漆	可以被溶剂重新溶解，加热会重新流动 由于溶剂挥发而固化成膜 固化过程中不发生任何化学反应 破坏环境，容易龟裂、开裂、收缩
热固性油漆	不能被溶剂重新溶解，加热时不会重新流动 通过催干剂的作用固化 固化过程中发生化学反应

任务实施

羽状边打磨（以翼子板为例）见表5-5。

表 5-5　羽状边的打磨过程

名　称	说　明	图　片
安全防护	戴防尘口罩、棉纱手套、防护眼镜、耳塞、帽子，穿劳保鞋等	
除尘	用吹尘枪除尘	
除油	用2块清洁布：将1块清洁布用除油剂润湿后，在工件上擦拭1遍；用另1块清洁布将留在工件上的除油剂擦干	
确定损伤区	按照前面所述方法，用记号笔确定损伤区	

（续）

名　　称	说　　明	图　　片
打磨方法	有干磨和湿磨2种（常采用干磨），但必须有很好的除尘设备 干磨的特点：速度快、省时间、无须用水、地面干净，漆面处理效果好	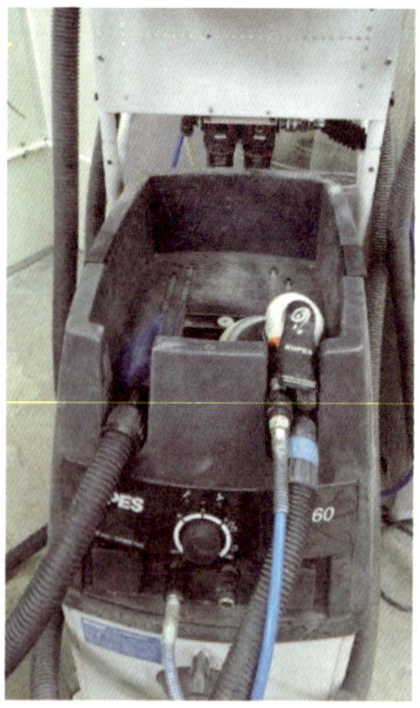
打磨所需设备	砂纸，常用的型号主要有P80、P120、P180、P240、P320、P400、P500、P600、P800、P1000、P1200、P1500和P2000等	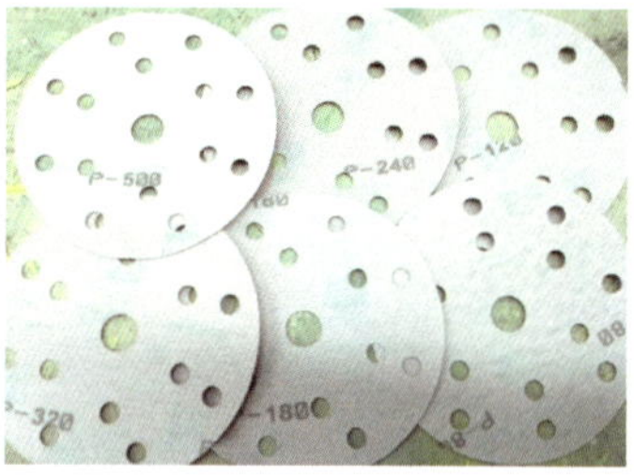
	磨头，常用的有P3和P6	
	磨头配套的软垫	

（续）

（续）

名　　称	说　　明	图　　片
羽状边打磨过程	用 P80 砂纸打磨损伤区（去除旧漆膜）	
	用 P120 砂纸修复、打磨羽状边（通过打磨漆膜边缘，形成一个缓和的斜坡，这个斜坡就是羽状边）	
	用 P180 砂纸向外打磨 5~10cm，整理打磨后的台阶	
	用 P240 砂纸找平砂纸痕	
	除尘、除油	同上
清理、垃圾回收	分为淘汰垃圾和可二次利用物品 淘汰垃圾直接丢进垃圾桶，可二次利用物品整理后利用	

技能考核

考核时间	考核项目	分值	自我评价	小组评价	教师评价	企业评价
50min	使用 P80 砂纸打磨	15				
	打磨钢板和漆膜边缘	15				
	使用 P120 砂纸打磨	15				
	使用 P180 砂纸打磨	15				
	使用 P240 砂纸打磨	15				
	检查做好的羽状边	20				
	清洗板件	5				
合　计		100				

课 后 测 评

一、选择题

1. 用于修复羽状边的砂纸型号是____。

A. P80　　　　　　B. P120　　　　　　C. P180　　　　　　D. P240

2. 用 P180 砂纸向外打磨____cm，整理打磨后的台阶。

A. 1~3　　　　　　B. 2~4　　　　　　C. 5~10　　　　　　D. 10~20

3. 漆膜常见的损伤包括漆膜老化、褪色、碰伤、____等。

A. 大刮痕　　　　　　B. 小刮痕　　　　　　C. 刮伤

4. 损伤范围评估的方法主要有目视评估、触摸评估和____。

A. 直尺评估　　　　　　B. 气压评估　　　　　　C. 水压评估

5. 通过打磨漆膜边缘，形成 1 个缓和的斜坡，这个斜坡就是____。

A. 毛状边　　　　　　B. 衣状边　　　　　　C. 羽状边

二、判断题

1. 所有情况下，目测就可以评估出损伤位置和大小。　　　　　　　　　　（　　　）

2. 羽状边打磨时，可不穿戴防护用品。　　　　　　　　　　　　　　　（　　　）

3. 汽车车身局部有斑点，需要对底材进行打磨，并打磨出羽状边。　　　（　　　）

4. 要打磨出羽状边，不需要对漆膜类型进行评估，损伤范围的评估就能打磨出羽状边。

（　　　）

5. 底漆对底材具有良好的附着力，对其他涂层具有良好的结合力。　　　（　　　）

三、简答题

1. 如何判断损伤区?

2. 简述整个羽状边打磨的方法、过程。

任务二　底漆施涂

任务描述

　　一辆长安轿车左前翼子板受损，损伤区处理好的车辆进入到喷漆室，底材处理已完成，后面要进行底漆施涂作业。如何正确地进行底漆施涂呢？

扫一扫

底漆施涂

制订维修计划

任务名称	底漆施涂		学时	8	班级	
学生姓名			学生学号		任务成绩	
实训设备			实训场地		日期	
实训任务	对损伤区进行施涂底漆					
任务目的	制订工作计划，完成底漆施涂					

一、资讯

1. 汽车车身的主要材料有哪些？

2. 汽车车身漆面涂层的作用有哪些？

3. 底材处理工作应做到什么标准？

二、制订计划

　　根据损伤区面积大小和任务要求，确定所需要的防护工具、环氧底漆，并对小组成员进行合理分工，制订详细的实施计划。

　　1. 小组成员分工。

　　2. 底漆施涂计划。

知识准备

底漆的基本知识

汽车油漆的要求有防锈、填充、密封、美观、附着力强、便于施工。

汽车油漆层可分为面漆层和底漆层；面漆层包括清漆、面漆或色浆；底漆层包括封闭底漆层、中涂底漆和环氧底漆。汽车油漆层的结构如图5-1所示。

在任何油漆系统中，不同的底漆和中涂底漆的作用是不同的，选择合适的底漆是确保漆膜质量和耐久性的关键。底漆的分类见表5-6。

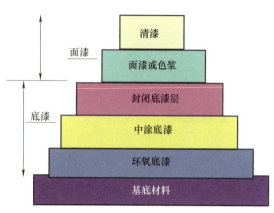

图5-1 油漆层的结构

表5-6 底漆的分类

分　类	接　触　面	优　点
侵蚀底漆	直接和裸金属接触	保护裸金属不受侵蚀，还有很强的附着力
环氧底漆	直接和裸金属接触	附着力好、流平性好、漆膜外观好，耐腐蚀等
双组分多用途底漆	电泳漆和面漆之间	修补电泳漆的不平，易打磨，增加面漆附着力

环氧底漆如图5-2所示。

图5-2 环氧底漆

底漆的选择必须符合以下原则：

① 酸蚀底漆与聚酯原子灰不相溶。

② 保护裸金属不受侵蚀。

③ 有很强的附着力。

④ 与中涂底漆、面漆相溶。

任务实施

底漆施涂具体实施步骤见表 5-7。

表 5-7　底漆施涂具体实施步骤

名　称	说　明	图　片
安全防护	戴防溶剂手套、防毒口罩、护目眼镜、耳塞、帽子，穿劳保鞋等	
除尘	用吹尘枪除尘	
除油	用除油剂除油：把除油剂喷洒在除油布上，一只手拿干净除油布，另一只手拿带油的除油布，带油的除油布在前，干净的除油布在后进行擦洗	

（续）

名　　称	说　　明	图　片
底漆	打开底漆后，要充分搅拌均匀	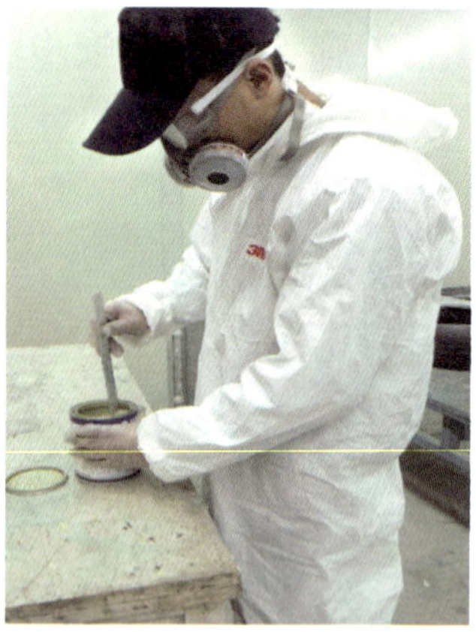
涂抹方法	手工涂抹：首先除尘除油，然后搓涂环氧底漆	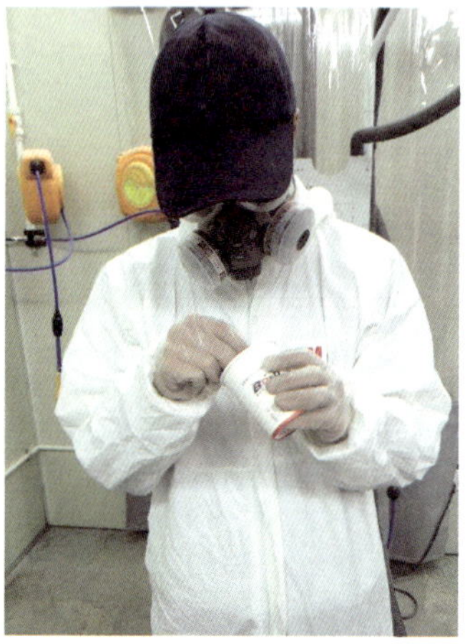
	先找边缘，沿着裸露金属部分涂个圆形（注意：不要超出裸露金属部分）	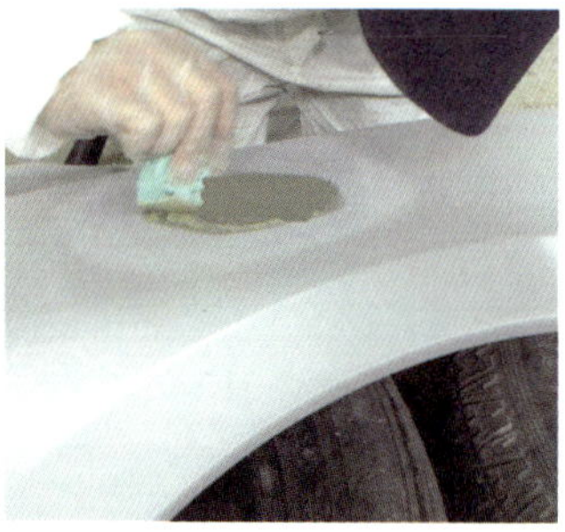
	在圆内快速涂裸露金属区	

（续）

（续）

名　称	说　明	图　片
涂抹方法	涂完后，用红外线烤灯进行烘烤，至完全附着表面	
清理、垃圾回收	分为淘汰垃圾和可二次利用物品。淘汰垃圾直接丢进垃圾桶，可二次利用物品整理后利用	

技能考核

考核时间	考核项目	分值	自我评价	小组评价	教师评价	企业评价
50min	事前准备工作	10				
	安全防护	15				
	除尘	20				
	涂抹方法	45				
	5S 管理	10				
合　　计		100				

课 后 测 评

一、选择题

1. 直接涂布于物体表面的打底涂料剂称为____。

A. 原子灰　　　　　B. 中涂底漆　　　　　C. 环氧底漆　　　　　D. 面漆

2. 底漆层包括封闭底漆、环氧底漆和____。

A. 清漆　　　　　B. 中涂底漆　　　　　C. 面漆　　　　　D. 色浆

3. 下列哪些属于施涂环氧底漆时，应配戴的劳动保护工具____。

A. 防溶剂手套　　　B. 防尘口罩　　　　C. 棉纱手套　　　　D. 护目眼镜

4. 汽车经过涂装底漆后，使汽车车身耐腐蚀，从而提高汽车的____。

A. 商品价值　　　　　　　　　　　　B. 使用价值

C. 商品价值和使用价值　　　　　　　D. 性能

5. 打磨中涂底漆时，选用____砂纸配合手磨板平推式打磨修补区域。

A. P320　　　　　　B. P400　　　　　　C. P500　　　　　　D. P600

二、判断题

1. 环氧底漆有很好的附着力，流平性好，漆膜外观好，耐腐蚀。　　　　　（　　　）

2. 底漆使用前不用搅拌。　　　　　　　　　　　　　　　　　　　　　（　　　）

3. 中涂底漆的作用是具有足够的填平性，消除表面细小的缺陷。　　　　（　　　）

4. 面漆层包括面漆和清漆。　　　　　　　　　　　　　　　　　　　　（　　　）

5. 压力式喷枪因出漆压力高，所以选用口径较重力式小，一般选用 0.5mm 左右。（　　　）

6. 合金底漆上不可以刮涂原子灰产品。　　　　　　　　　　　　　　　（　　　）

7. 喷涂作业所需要的涂料应一次性带进，作业中途避免出入喷漆室。　　（　　　）

三、简答题

1. 如何施涂环氧底漆？

2. 对环氧底漆喷涂质量有什么要求？

项目六　金属件中间涂层涂装

项目目标

知识目标：	技能目标：	素养目标：
1. 掌握常用原子灰的特点 2. 熟悉原子灰打磨的基本步骤 3. 掌握汽车常用中涂漆的特性	1. 能按照原子灰的施涂工艺施涂原子灰 2. 能按照原子灰的打磨工艺规范地打磨	1. 通过规范的操作，使学生树立精益求精的精神 2. 培养环保意识

任务一　原子灰的施涂

任务描述

　　一辆蔚来轿车左前翼子板受损，底漆施涂已完成，却发现有一些小的凹陷清晰可见，这时需要用原子灰填补凹陷以达到表面平整、恢复原状。怎样进行原子灰正确施涂呢？

扫一扫

原子灰施涂

制订维修计划

任务名称	原子灰的施涂	学时	12	班级	
学生姓名		学生学号		任务成绩	
实训设备		实训场地		日期	
实训任务	对受损车门进行修复				
任务目的	制订工作计划，完成原子灰调和与施涂				

一、资讯

1. 喷涂作业时，应注意哪些身体安全防护？

2. 原子灰施涂的步骤有哪些？

二、制订计划

根据任务要求，确定所需要的仪器、工具，并对小组成员进行合理分工，制订详细的实施计划。

1. 小组成员分工。

2. 施涂计划。

知识准备

原子灰俗称腻子，它是一种膏状或厚浆状的涂料，容易干燥，干后坚硬。它具有灰质细腻、易刮涂、易填平、易打磨、干燥速度快、附着力强、硬度高、不易划伤、柔韧性好、耐热、不易开裂起泡、施工周期短等优点，如图6-1和图6-2所示。原子灰有着不同的类型，按需要填补凹陷的深度和所用的材料选用。通常用刮刀施涂厚涂层来填补凹穴，然后用打磨工具磨平。

图6-1 万能原子灰

图6-2 汽车常用原子灰

原子灰多为双组分产品，需要加入固化剂后才能干燥固化，以提高硬度和缩短干燥时间。汽车用原子灰主要有聚酯树脂型和环氧树脂型两大类。聚酯树脂型原子灰多用过氧化物作为固化剂，环氧树脂型原子灰多用胺类作为固化剂。

一、原子灰的种类

原子灰的种类见表 6-1。

表 6-1　原子灰的种类

名　称	说　明
普通原子灰	多为聚酯树脂型，膏体细腻，填充能力强，适用于大多数底材，如良好的旧漆层、裸钢板表面、车用塑料保险杠和玻璃钢件等。其不适用于镀锌板、不锈钢板、铝板和经磷化处理的裸金属表面，因为附着能力达不到，会造成开裂。但在这些金属表面先喷涂一层隔绝底漆后可正常使用
合金原子灰	合金原子灰也称金属原子灰，比普通原子灰性能更加优良，除可用于普通原子灰所用的一切场合外，还可以直接用于镀锌板、不锈钢板和铝板等裸金属而不必首先施涂隔绝底漆，但不适用于经磷化处理的裸金属表面。合金原子灰性能卓越，使用方便，所以应用也很广泛，但价格要高于普通原子灰
纤维原子灰	纤维原子灰的填充材料中含有纤维物质，具有强度高、与金属附着力好、使用方便等特性。它可直接填补 50mm 的孔洞、锈蚀或裂纹而无须钣金修复。它的收缩率小、干燥速度快，对孔洞的隔绝防腐也很强。纤维原子灰用于有比较深的金属凹陷部位修复，填补效果非常好，但表面呈现多孔状，需要用普通原子灰填平
塑料原子灰	它专用于柔软的塑料制品的填补工作。调好后呈膏状，刮涂也可以揩涂，干燥后像软塑料一样，与底材附着良好。虽然其干后质地柔软，但打磨性良好，可以机器干膜，也可以水磨，常用于塑料件的修复
幼滑原子灰	幼滑原子灰又称为填眼灰。它膏体极其细腻，一般在打磨完中涂层后、喷涂面漆之前使用。其主要用途是填补极其微小的小坑、小眼等，提高面漆的装饰性。因其填补能力比较差，且不耐溶剂，易被面漆中的溶剂咬起，所以不能大面积刮涂时使用。但它干燥时间短（几分钟），干后较容易打磨，用来填补小坑非常适合，可以提高生产效率并能保证质量

二、车身涂装中原子灰的选择要求

1）原子灰与金属和旧涂膜的附着性能良好。

2）原子灰耐热性良好，要能在 120℃ 条件下，30min 内不出现起层、开裂、气泡等现象。

3）原子灰刮涂完成后 30min 左右才可进行打磨（根据不同天气会稍有差别）。

> **注意**
>
> 普通原子灰打磨性能较差，会使作业时间变长、操作者易疲劳，难以保证表面打磨质量，砂纸的消耗量也会增加。这些时间和材料的浪费，都将直接导致经济效益下降。

任务实施

一、原子灰的调配

原子灰的调配步骤见表 6-2。

扫一扫

原子灰的
调配

表6-2 原子灰的调配步骤

操作步骤	说 明	图 示
1. 取原子灰	打开原子灰罐盖，搅拌原子灰，必须搅拌均匀。原子灰罐每次用后必须盖好，以防溶剂蒸发。如果溶剂已经蒸发，要向罐中倒入专用的溶剂	
2. 取固化剂	要充分挤压装固化剂的胶管，使管中的固化剂在使用前充分混合	
3. 原子灰的调配操作	1）使用电子秤按正确比例称量原子灰和固化剂。一般原子灰质量：固化剂质量是以100：2~100：3的比例拌和。若固化剂过多，干燥后会变脆硬；如果固化剂过少，则难以固化干燥	
	2）使用刮刀的尖端，将固化剂均匀地散布在原子灰基料的整个表面上	
	3）手拿刮刀，轻轻提起其端头，将它插入原子灰下面，然后向混合板的左侧提起	
	4）用刮刀铲起适量原子灰，以刮刀右边为支点将刮刀快速翻转	

（续）

操作步骤	说　明	图　示
3. 原子灰的调配操作	5）将刮刀基本上与混合板持平，并将其向下压。一定要将刮刀在混合板上刮削，不要让原子灰留在刮刀上	
	6）拿住刮刀，稍稍提起其端头，并且将在5）中在混合板上混合的原子灰全部舀起	
	7）将原子灰翻转，翻的方向与4）步中的相反	
	8）与5）步相似，将刮刀基本上与原子灰混合板持平，并将它向下压，从4）开始重复	
	注意： 1）在进行4）~8）各步骤时，原子灰往往向上朝混合板的顶部移动，在原子灰延展至混合板的边缘时，舀起全部原子灰，并且将它向混合板的底部翻转，重复4）~8）各步骤，直至原子灰充分混合 2）通过观察调和后的颜色判断是否调配均匀，避免出现大理石纹效果或未混合的固化剂	

应控制好一次拌和的量。如果调和时间过长，留给施涂的时间过短，就会使其固化而不能使用，因此拌和的关键是速度要快、动作要熟练。

二、原子灰施涂

原子灰施涂的步骤见表6-3。

> **提示**
>
> 　　调配后的原子灰会很快固化，如果还没施涂规定部位即已固化，则调和的原子灰不能再用。

表 6-3 原子灰施涂的步骤

操作步骤	说　明	图　示
1. 如何拿刮刀	1）直握法：施涂原子灰时，以左手握原子灰托板，右手拿刮刀。食指压紧刀板，拇指和另外4根手指握住刀柄。此法适用于小型刮刀刮涂小面积时使用	
	2）横握法：拇指和食指夹持住刮刀靠近刀柄的部分或中部，另外3根手指压在刀板上	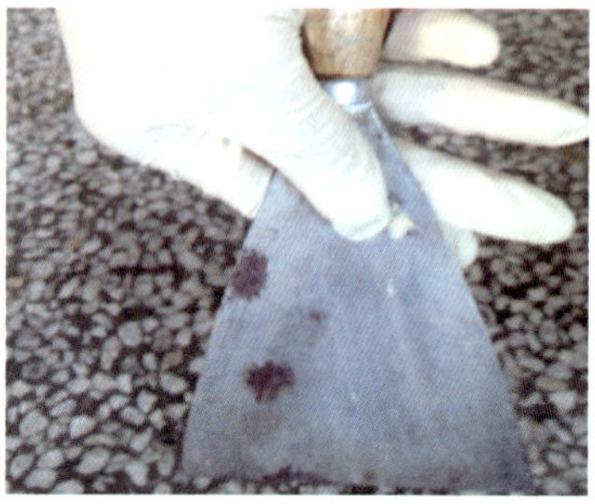
	3）其他握法：根据刮刀大小及形状的不同，还可以采用其他适当的握法，以适应施工的需要，以保证质量。对于右手握刀的人，握法如右图所示	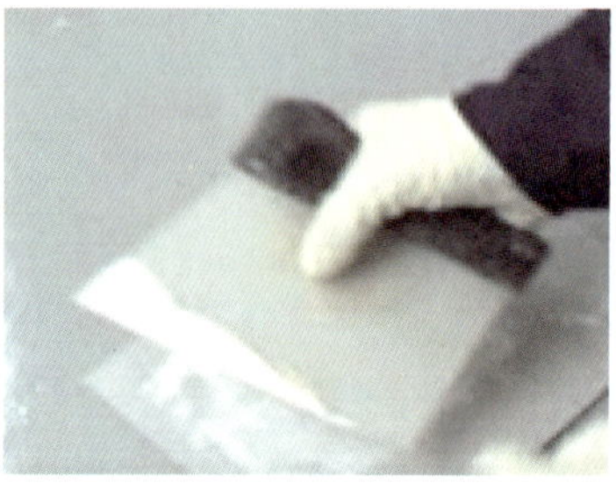
2. 原子灰基本施涂方法	一次不要施涂过厚的原子灰。根据要施涂面积的位置和形状，原子灰应分几遍施涂： 1）第1遍施涂时，刮刀几乎垂直于被施涂表面，并且将原子灰刮在工件表面上施涂1个薄层，以确保原子灰透入最小的划痕和针孔，从而增大附着力 2）第2遍和第3遍刮涂时，将刮刀倾斜大约45°，原子灰施涂的量要略多于所需要的量。在每一遍施涂后，都要逐步扩大原子灰施涂的面积，在边缘上一定要施涂得薄，形成斜坡，不要产生厚边 3）在最后1遍施涂时，刮刀要拿得与工件表面基本持平，使表面平整。当将原子灰留在刮刀上时，只能用刮刀的中间部分，如果刮刀的整个宽度范围全部用来刮原子灰，那么原子灰在施涂的过程中就会慢慢漏出，沿途产生台阶（刮刀印）	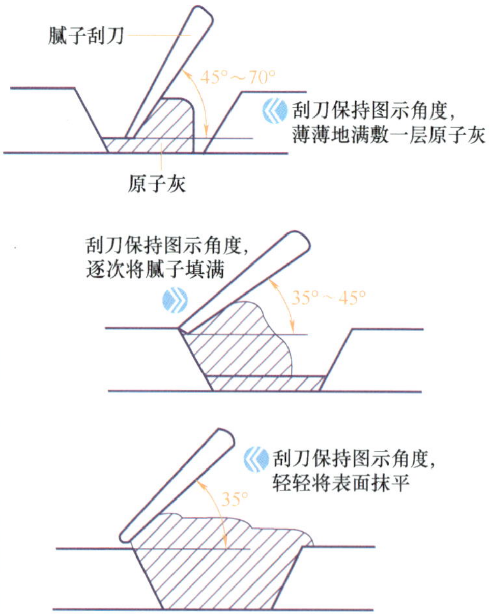

（续）

操作步骤	说　明	图　示
3. 向平面施涂原子灰	1）将原子灰薄薄地施涂在整个表面上	
	2）为了最大限度地减少在后续打磨工序中所要求的用力，施涂第 2 层原子灰时，边缘不要厚。如果刮刀处于右图所示位置时，用食指向刮刀的顶部施力，以便在顶部涂 1 个薄层	
	3）在下一道施涂原子灰时，要与在2）中覆盖的第一部分稍稍重叠。为了在这一道开始时涂 1 个薄层，要稍微用力将刮刀抵压在工件表面上。然后释放压力，同时滑动刮刀。此外，在施涂结束时，要向刮刀施加一个力，以便涂 1 个薄层	
	4）重复 3）的步骤，直至在整个表面施涂的原子灰达到所要求的分量	

（续）

操作步骤	说　明	图　示
4. 注意事项	1）如果刮刀在各道施涂中仅向一个方向移动，那么原子灰高点的中心将会移动。如果发生这种情况就很难打磨，所以刮刀在最后一道施涂中必须反向移动，以使原子灰高点保持在中心 2）原子灰必须比原来的高点高。但是只能比原来稍微高一点。如果太高，那么在打磨过程中就要花许多时间和力气来消除多余的材料 3）原子灰施涂在工件表面上的范围必须以在磨缘过程中留下的打磨划痕为限。如果没有打磨划痕，原子灰就粘不牢，日后可能剥落 4）如果在施涂原子灰中花费时间太多，那么原子灰可能在该道施涂完成前固化，这时可能需要重新施涂；一般来说，原子灰必须在混合以后 3min 以内施涂	
	5）刮刀使用以后，要立即用清洗稀释剂冲洗，如果任由原子灰干固在刮刀上，刮刀就不能再用了 6）原子灰在固化中会产生热量。如果遗留在混合板上的原子灰在原子灰施涂以后立即放在垃圾桶里，那么原子灰产生的热量可能足以点燃易燃物品。因此，一定要确认原子灰已经凉透了，才能将其弃置	

📦 技能考核

考核时间	考核项目	分值	自我评价	小组评价	教师评价	企业评价
30min	1. 对操作工具进行清点检查（4分） 2. 防护准备（戴防毒口罩，手套）（6分）	10				
	1. 评估损伤程度（4分） 2. 正确取量原子灰（正确评估用量）（10分） 3. 盖罐（6分）	20				
	1. 按比例调配混合原子灰（10分） 2. 原子灰与固化剂调配均匀（10分）	20				
	1. 按照操作工艺流程刮涂原子灰（10分） 2. 第1层薄刮，压实（15分） 3. 第2层、第3层平整光滑（5分）	30				
	1. 正确清洗刮涂工具（5分） 2. 清洗工具，无残灰（5分）	10				
	1. 规定时间内完成设备工具归位（5分） 2. 规定时间内完成设备工具清洁（5分）	10				
	合　　计	100				

课 后 测 评

一、选择题

1. 下列关于原子灰的作用，叙述错误的是____。

A. 提高涂层的丰满度　　　　　　　　B. 填补较深凹陷

C. 填补性能好　　　　　　　　　　　D. 一般涂在底漆上

2. 固化剂太少会导致原子灰干燥速度____。

A. 快　　　　　　　　B. 慢　　　　　　　　C. 不变

3. 原子灰的刮涂范围是____。

A. 在羽状边内　　　　B. 可超过羽状边　　　　C. 无明确规定

4. 下列关于固化剂的叙述，正确的有____。

A. 有催化作用

B. 能与合成树脂发生化学反应

C. 种类越来越多

5. 下列关于原子灰施涂过程的叙述中，错误的是____。

A. 第 1 次施涂时，刮刀几乎垂直于被施涂表面

B. 在每次施涂以后，都要逐步扩大原子灰施涂的面积

C. 在最后一次施涂时，刮刀要拿得与工件表面垂直

二、判断题

1. 原子灰与固化剂配制后，隔日可再次使用。　　　　　　　　　　（　　　）

2. 原子灰一般用刮具施工，刮涂的次数主要取决于底材表面的状况。（　　　）

3. 目前所用的原子灰一般是由聚酯树脂制成。　　　　　　　　　　（　　　）

4. 刮涂第 2 层原子灰以填平为主，不求光滑。　　　　　　　　　　（　　　）

5. 刮涂第 1 层原子灰时，刮刀与底材倾斜角度以 30° 为宜。　　　　（　　　）

三、简答题

1. 如何避免原子灰在施涂过程中干燥过快?

2. 简述原子灰的施工要领。

任务二 原子灰的打磨

任务描述

　　一辆大众轿车左前翼子板受损，中途原子灰施涂已完成，但表面刮涂痕迹较粗糙，不够光滑，需要进行原子灰表面打磨。如何对原子灰进行正确的打磨呢？

制订维修计划

扫一扫

原子灰的
打磨

任务名称	原子灰的打磨		学时	12	班级	
学生姓名			学生学号		任务成绩	
实训设备			实训场地		日期	
实训任务	对受损车门进行修复					
任务目的	制订工作计划，完成原子灰的打磨					

一、资讯

1. 原子灰打磨的作用是什么？

2. 原子灰与固化剂的配比是多少？

3. 原子灰打磨的基本方法有哪些？

二、制订计划

根据任务要求，确定所需要的仪器、工具，并对小组成员进行合理分工，制订详细的实施计划。

1. 小组成员分工。

2. 打磨计划。

知识准备

一、手工打磨

手工打磨常采用砂纸配合打磨块进行操作，主要适用于对小面积的粗磨和大面积的细磨，以及对需细磨部位，如车身板材型线、圆弧、曲面、转角等部位的精细修整。

手工打磨分为湿打磨和干打磨2种方式。其中，湿打磨工艺处理后，表面整洁，原子灰粉末不会飘在操作间，对环境污染小，但原子灰极易吸收大量的水分难以彻底干燥，对后续涂装工序造成很多麻烦。干打磨效率高，由于打磨时无水参与，所以原子灰层不会吸收水分。由于干打磨会产生大量的原子灰粉末，对设备和工具的要求比较高，需配备专用的无尘干磨系统。

二、机械打磨

机械打磨是利用压缩空气或电力驱动打磨机旋转或移动进行打磨的。其优点是设备结构简单，打磨速度可调，效率高。常用的气动打磨工具有圆盘式打磨机、复合式打磨机、风动板式打磨机、风动弧面高效打磨机、自吸尘打磨机和主动集尘式干磨系统等。

无论采用手工打磨还是机械打磨，打磨完成后，要检查原子灰的平整度。如果打磨过度、不平整、出现露底等现象，必须重新施涂原子灰，再进行干燥、打磨。

三、打磨机的分类

打磨机的分类见表6-4。

表6-4　打磨机的分类

类　型	说　明	图　示
1. 单作用打磨机	其打磨盘垫绕1个固定点转动，砂纸只做单一圆周运动，又称为单一运动圆盘打磨机。单作用打磨机分为2类，一类转矩大、速度低，主要用于刮去旧涂层，常用的钣金工具就属于这类打磨机；另一类速度高，用于漆面的抛光，如常用的抛光机	
2. 双作用打磨机（偏心振动式）	打磨机垫本身以小圆圈振动，同时绕自己的中心转动，因而兼有单运动及轨道式打磨机的运动特点，切削力比轨道式打磨机强。在确定打磨机用于表面平整或初步打磨时，要考虑轨道的直径，轨道直径大的打磨较粗糙，反之较细	

105

（续）

类　型	说　明	图　示
3. 轨道式打磨机	轨道式打磨机的砂垫外形都呈矩形，便于在工作面上沿直线轨迹移动，整个砂垫以小圆圈振动。此类打磨机主要用于原子灰的打磨，可以根据工件表面情况采用各种尺寸的砂垫，以提高工作效率，轨迹直线也可改变	
4. 往复直线式打磨机	其砂垫做往复直线运动，主要用于车身上的特征线和凸筋部位的打磨	

四、原子灰打磨工艺的分类

原子灰打磨工艺的分类见表 6-5。

表 6-5　原子灰打磨工艺的分类

类　型	说　明	图　示
1. 手工打磨或打磨垫打磨	1）采用手工打磨或打磨垫打磨时，应选择比建议细度更细的砂纸 2）保证砂纸紧紧地固定在打磨垫上 3）用打磨垫打磨填补区域时，打磨方向应有一定变化 4）若直接用手打磨，应采用柔软的砂纸 5）打磨时，并拢手指，沿手指方向打磨，并应经常更换打磨方向 6）对于普通砂纸不能打磨的区域，应采用尼龙布	
2. 湿打磨	1）湿打磨处理时，应不停地用吸水海绵润湿面板 2）经常更换打磨用水 3）湿打磨后，用清水冲洗打磨区域，然后正确地进行干燥处理 4）不要让打磨泥浆在打磨面板上干燥沉积 5）对于含纤维的产品，打磨后应彻底干燥 6）聚酯类产品必须采用干打磨	

（续）

类　型	说　明	图　示
3. 机械打磨	1）双功能打磨机：适用于几乎所有打磨工作，包括磨去旧漆膜、磨周边、磨平填补区域 2）平板状打磨机：适用于几乎所有固体底材的打磨处理，但不可用于曲面或加压底材。对于车身部件要磨平的已填补区域，采用手工打磨为佳 3）打磨时要接吸尘管，并确保吸尘器功能完好 4）应及时将打磨垫上的打磨灰尘拍掉 5）避免在打磨机上施加过大压力，因为这样会使底材发热	

任务实施

一、原子灰的打磨

原子灰的打磨工艺见表 6-6。

表 6-6　原子灰的打磨工艺

操作步骤	说　明	图　示
1. 安全防护	须佩戴棉纱手套、防尘口罩、防护眼镜，穿安全鞋	
2. 涂炭粉	将专业的打磨指导层炭粉涂覆在原子灰区域。其作用是消除打磨砂纸留下的痕迹	

（续）

操作步骤	说　明	图　示
3. 选择打磨工具	选择 5mm 或 7mm 偏心距的打磨设备，配合硬质的打磨垫盘和 P80 的干磨砂纸	
4. 对原子灰进行粗整平	干磨机必须平放到板件上，然后起动干磨机，P80 的砂纸痕迹只能留在原子灰上	
5. 涂炭粉	涂指导层炭粉	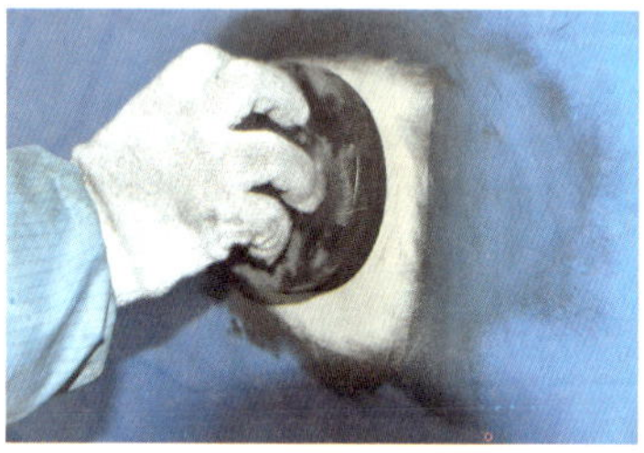
6. 过渡打磨	采用 P120 的砂纸对原子灰进一步打磨，消除 P80 号砂纸留下的砂纸痕迹，打磨的面积不得大于原子灰区域	
7. 涂炭粉	涂抹指导层炭粉，进一步提高打磨品质	

（续）

（续）

操作步骤	说　　明	图　　示
8. 手工打磨	选择 P120/P180 的手刨砂纸配合手刨板对原子灰接口区域进行整平，一边打磨，一边用触摸的方法检查表面的平整度	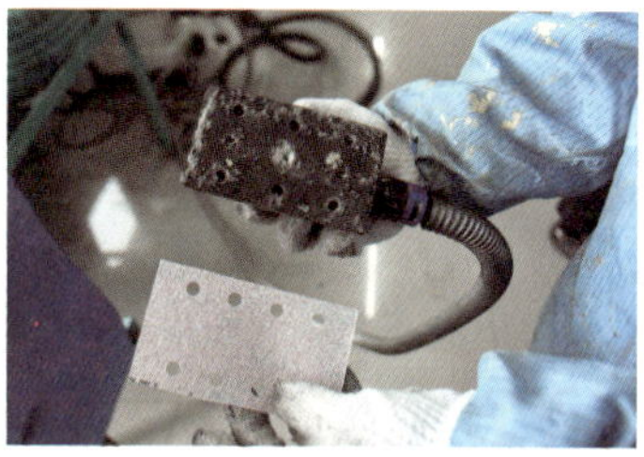 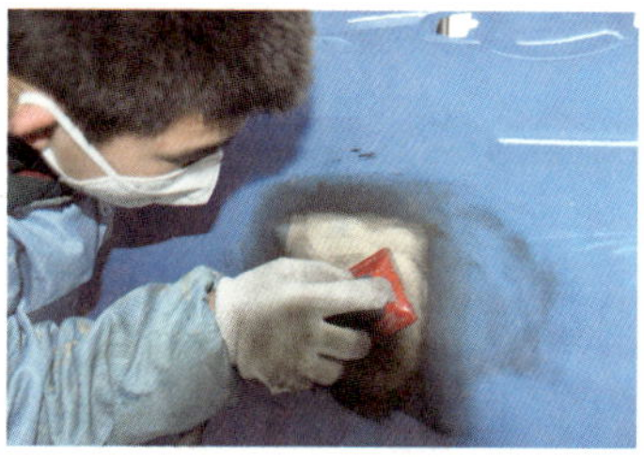 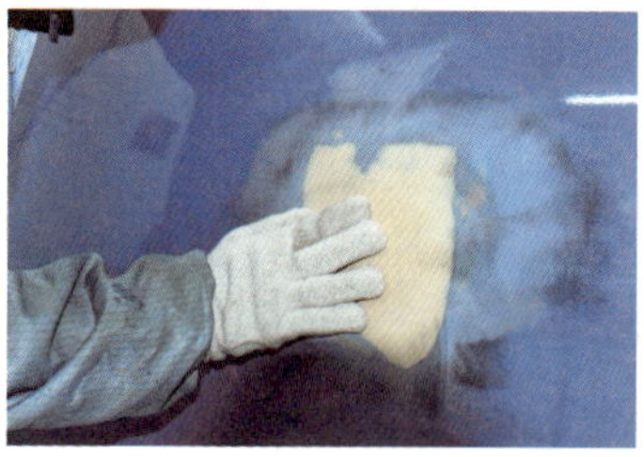
9. 涂炭粉	涂抹指导层炭粉，进一步提高打磨品质	
10. 细打磨	选择 5mm/7mm 偏心距的打磨设备配合硬质的打磨垫盘和 P240 的干磨砂纸打磨整个区域	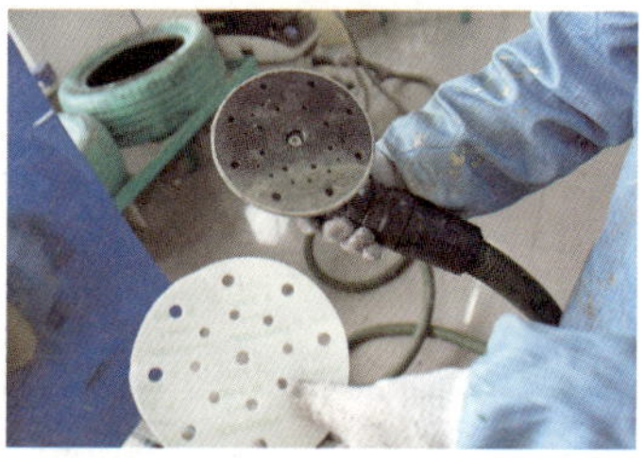 

（续）

（续）

操作步骤	说　明	图　示
11. 哑光过渡	选择 7mm 的干磨头和 P400 打磨砂纸打磨哑光区域	

提示

　　原子灰打磨完成后，要检查原子灰表面。若发现有气孔和小的伤痕，应马上修补。因此尽可能在该工序使表面平整，消除引起缺陷的原因。如果原子灰的施工非常标准（固化剂加入量合适，原子灰搅拌均匀，每一道刮涂都很薄），特别是在刮涂完普通原子灰后，又刮涂了一薄层细原子灰，打磨后表面将非常平整，几乎不会存在气孔及深度划痕，则无须施涂填眼灰。

二、原子灰的修整

1. 填眼灰的施涂

（1）搅拌填眼灰　填眼灰的盛装有两种形式，一种是盛装于软体金属或胶管内，另一种是盛装于金属罐内。对于盛装于软体金属或胶管内的填眼灰，搅拌时，用手反复捏揉管体即可；对于盛装于金属罐内的填眼灰，可用专用工具打开盖后，用搅拌棒充分搅拌。

扫一扫

原子灰修整

（2）取填眼灰　用原子灰刮刀取少量填眼灰，置于原子灰托板上，也可以置于另一个刮刀刀片上。由于填眼灰一般不需要添加固化剂，取出后即可使用（有的填眼灰需按比例加入稀释剂混合后才能使用），而且其固化时间很短，用量也少，所以应少取，并且应在尽量短的时间内用完。

（3）施涂　气孔和伤痕的修补，用小的原子灰刮刀取很少量的填眼灰，对准气孔及刮痕部位，用力将填眼灰压入气孔或划痕内，必要时可填补多次。

2. 填眼灰的干燥

一般填眼灰施涂后，在自然条件下 5~10min 即可完全干燥，无须烘烤。

3. 填眼灰的打磨

填眼灰施涂后，会破坏原来打磨平整的原子灰表面，另外，填眼灰的性能不如原子灰，所以必须将多余的填眼灰完全打磨掉。干打磨采用粒度为 P150~P180 的砂纸；湿打磨采用 P240~P320 的砂纸。打磨时要配合磨块，直到孔和划痕外的填眼灰完全被打磨掉为止。

课 后 测 评

一、选择题

1. 下列选项中不影响打磨速度与粗糙度的因素有＿＿。

A. 运动方式　　　　B. 砂纸粗细　　　　C. 振幅大小　　　　D. 施工环境温度

2. 气动打磨工具的优点有＿＿（多选）。

A. 寿命长　　　　　B. 使用轻便　　　　C. 维修简单　　　　D. 安全性好

3. 无尘干磨系统包括的设备有＿＿（多选）。

A. 打磨头　　　　　　　　　　　　　B. 供气及吸尘管道

C. 吸尘设备　　　　　　　　　　　　D. 磨垫及砂纸

4. 如果出现失光，最好的解决方法是＿＿。

A. 打磨掉重喷　　　　　　　　　　　B. 用 P2000 砂纸水磨后抛光

C. 使用溶剂轻擦即可

5. 原子灰打磨时，不可使用的手刨砂纸为＿＿。

A. P80　　　　　　B. P120　　　　　　C. P180　　　　　　D. P400

二、判断题

1. 使用碳粉指示层的目的是显示未打磨区域及砂眼。　　　　　　　　　（　　）

2. 如果原子灰没有完全干透就进行下道工序，喷完面漆后会出现原子灰印。（　　）

3. 打磨原子灰时，最后需沿车身流线型水平方向打磨修整。　　　　　　（　　）

4. 打磨第 1 层原子灰一般采用双动作偏心距圆盘式打磨机。　　　　　　（　　）

5. 原子灰第 4 道打磨使用 P400 砂纸配合手刨。　　　　　　　　　　　（　　）

三、简答题

1. 原子灰打磨作业时，应穿戴哪些防护用具？

2. 简述原子灰打磨的施工工艺。

3. 简述原子灰打磨后如何处理砂眼。

技能考核

考核时间	考核项目	分值	自我评价	小组评价	教师评价	企业评价
30min	1. 清点、检查设备和工具（4分） 2. 着装整齐（工作服）（4分） 3. 防护准备（戴防尘口罩、手套、护目镜）（12分）	20				
	1. 按照打磨原子灰工序进行操作（10分） 2. 正确选用打磨砂纸、垫块（10分） 3. 粗打磨、细打磨；打磨方向水平流线型为主（10分） 4. 打磨旧漆面与原子灰之间羽状边（10分）	40				
	1. 正确用观察法、触摸法检查（10分） 2. 吹尘清洁（10分） 3. 除油剂除油（10分）	30				
	1. 规定时间内完成设备工具归位（5分） 2. 规定时间内完成设备工具清洁（5分）	10				
合　　计		100				

任务三　中涂底漆的施涂

 任务描述

一辆长安轿车左前翼子板受损，原子灰打磨已完成，后面要进行中涂底漆施涂工作。如何正确地进行中涂底漆施涂呢？

 制订维修计划

扫一扫

中涂漆施涂

任务名称	中涂底漆的施涂	学时	12	班级	
学生姓名		学生学号		任务成绩	
实训设备		实训场地		日期	
实训任务	对受损车门进行修复				
任务目的	制订工作计划，完成中涂底漆的施涂				

一、资讯

1. 车用中涂底漆的作用有哪些？

2. 中涂底漆作业之前有哪些准备？

二、制订计划

根据目标色板和任务要求，确定所需要的仪器、工具，并对小组成员进行合理分工，制订详细的实施计划。

1. 小组成员分工。

2. 施涂计划。

 知识准备

中涂底漆是用于底涂层和面涂层之间的中间涂层。中涂底漆具有良好的韧性、弹性、抗石击性、耐腐蚀性、耐水性等特点。

中涂底漆在调配之前需要经过较长时间的搅拌，因为其中的填料成分很多，沉淀比较严重，如果不经过充分的搅拌就进行调配，容易造成漆膜过薄，使填充能力变差。现在常用的中涂底漆多为双组分，在调配时需要严格按照说明添加固化剂和稀释剂，不可随意改变添加量或以其他品牌的类似产品代替。调配好的涂料，应在有效期内尽快使用。

面漆涂料不同，与之配套使用的中涂底漆涂料也应不同。中涂底漆涂料的合理选用是避免涂装出现质量问题的关键。在选用时，中涂底漆要与环氧底漆、原子灰或旧漆膜的类型匹配，否则会出现咬底、起皮等不良现象。

在全涂装等原子灰涂装面积大的场合，以及当旧漆膜起皱时，使用聚氨酯类中涂底漆为最好。除此之外，从作业性方面考虑，厚涂型合成树脂中涂底漆也很方便。这些中涂底漆的使用方法有时随厂家不同而有些差异，应阅读厂家的《油漆产品使用技术规范》。若需对中涂底漆涂料进行稀释，应使用指定的专用稀释剂，否则会影响性能。

一、车用中涂底漆的功能

车用中涂底漆的功能见表6-7。

表 6-7　车用中涂底漆的功能

名　　称	说　　明	图　　片
中涂底漆	中涂底漆是指介于底涂层和面涂层之间所用的涂料，也称灰底漆 　　中涂底漆的主要功能是改善被涂工件表面和底涂层的平整度，为喷涂面涂层创造良好的基础，以提高面涂层的鲜映性和丰满度，提高整个涂层的装饰性和抗石击性	

二、车用中涂底漆的特性

1）应与底漆、面漆配套良好，涂层间的结合力强，硬度配套适中，不被面漆的溶剂所"咬起"。

2）应具有足够的填平性，能消除被涂底漆表面的划痕、打磨痕迹和微小孔洞、细眼等缺陷。

3）打磨性能良好，不粘砂纸，在打磨后能得到平整、光滑的表面。

4）具有良好的韧性和弹性，抗石击性良好。

车用中涂底漆的颜料多为体质颜料，具有良好的填充性能，其固体成分一般超过 60%，喷涂两道后涂膜的厚度可达 60~100μm。汽车常用中涂底漆见表 6-8。

表 6-8　汽车常用中涂底漆

型　　号	特　　性	用　　途	施工方法
Q06—5 灰硝基中涂底漆	涂层干燥快，易打磨光滑，填孔性较好，硬度较高，但柔韧性、耐老化性较差	专用于填平原子灰孔隙及用砂纸打磨后留下的痕迹	喷涂
C06—10 醇酸中涂底漆	涂层细腻，干燥速度快，易打磨光滑，与原子灰和面漆附着力强，对面漆的烘托性较好	用于填平原子灰层表面的砂眼、痕迹等	刷涂或喷涂
C06—15 白醇酸中涂底漆	干燥速度快，易打磨光滑，与底涂层和面涂层的附着力强	在涂面漆前用于填平原子灰层表面的砂眼、痕迹	刷涂或喷涂
G06—5 各色过氯乙烯中涂底漆	涂层干燥速度快，填补性好，有一定的强度，与原子灰配套使用可增强面漆的附着力、减小粗糙度	主要用于填平针眼和打磨痕迹	喷涂
G06—8 灰过氯乙烯中涂底漆	干燥速度快，打磨性好，并能封闭原子灰层而防止"返花"	可用于过氯乙烯底漆和原子灰间的过渡涂层用漆	喷涂
H06—12 环氧醇酸中涂底漆	将环氧树脂、醇酸树脂、添加剂、溶剂及颜料混合后制成。常温下干燥，填充性好，易打磨	可用于已涂过底漆和原子灰，并经过打磨后的金属表面的填平，能增强面漆的装饰性	喷涂
A06—3 氨基烘干中涂底漆	附着力强，与原子灰层和面涂层结合力较好，涂层细腻，易打磨，耐油性好	用于已涂底漆和已打磨平滑的原子灰层的填平	喷涂

任务实施

中涂底漆调配工艺流程见表 6-9。

表 6-9　中涂底漆调配工艺流程

操作步骤	说　　明	图　　示
1. 中涂底漆喷涂前的清洁	喷涂中涂底漆前，如果待喷涂区域不干净，必须严格按照清洁除油的方法进行除油。同时，为了使表面存留较少的尘埃和打磨颗粒，需要严格地吹尘	
2. 调配中涂底漆	将油漆罐内的油漆搅拌均匀，以保证整罐中涂底漆能以正常的黏度使用，固化剂也要摇匀。在中涂底漆混合时，必须严格按照《油漆产品使用手册》的标准比例进行混合。一般情况下，中涂底漆与辅料的添加顺序是中涂底漆＋固化剂＋稀释剂	
3. 中涂底漆喷漆调试	中涂底漆喷涂使用喷枪口径为 1.6~2.0mm 的底漆喷枪，喷枪气压（枪尾气压）与中涂底漆喷涂面积有关，具体喷枪的操作参数可参照涂料厂商的产品资料和使用说明手册 如果喷涂的是免磨中涂底漆，需使用喷枪口径为 1.3~1.4mm 的底漆喷枪，通常湿喷 1 层或喷涂 1 个双层即可，喷涂气压略高于喷涂打磨型中涂底漆	

（续）

操作步骤	说　明	图　　示
4. 过滤涂料	为了达到中涂底漆漆膜品质，在喷涂之前一定要对中涂底漆进行过滤	
5. 喷涂中涂底漆	中涂底漆一般情况下喷涂 2~3 遍，每层之间需留有一定的闪干时间（具体根据油漆产品手册的说明）。如果是局部修补而不是整板喷涂，按照从小到大的原则，以最大程度减少周围漆雾	
6. 烘烤中涂底漆	中涂底漆喷涂后在自然条件下固化干燥，但是需要的时间较长，为提高工作效率，需对中涂底漆进行强制加温干燥。加温干燥的方式有 2 种，一种是烤漆房内通过烤漆房升温（适用于较大面积）；另一种是使用红外线烤灯对板件进行加温烘烤（适用于较小面积）	

（续）

操作步骤	说　　明	图　　示
7. 涂炭粉	中涂底漆本身干燥后并没有亮度，表面有稍微中涂底漆流平不好、砂眼、砂纸痕等瑕疵都不容易看出，所以可通过在中涂底漆上施涂打磨指示层来帮助判断表面打磨状况	
8. 手刨打磨原子灰区域中涂底漆	对于填充原子灰的区域如有原子灰印则先使用干磨手刨配合 P240—P320 进行局部手工干磨至平整	
9. 机磨中涂底漆	用 3 号磨机配合 P320—P400 砂纸打磨。在打磨过程中，根据需要可使用打磨软垫。打磨完成后，中涂底漆表面应该光滑、平整、无纹理、无磨穿	

（续）

操作步骤	说　明	图　示
10. 板件边角的中涂底漆打磨	边角部位中涂底漆打磨，使用灰色菜瓜布进行打磨。必要时，配合研磨膏打磨	
11. 清洁、除油	使用吹尘枪将板件上的灰尘吹除，使用除油剂清除板件上的污渍	

技能考核

考核时间	考核项目	分值	自我评价	小组评价	教师评价	企业评价
20min	1. 着装整齐（5分） 2. 穿戴安全用品（5分）	10				
	调配中涂底漆： 1. 清洗调漆杯（5分） 2. 按比例倒入固化剂和稀释剂（10分） 3. 调漆尺充分调匀（5分） 4. 盖上喷壶壶盖（5分） 5. 安装中涂底漆喷枪（5分）	30				

（续）

考核时间	考核项目	分值	自我评价	小组评价	教师评价	企业评价
20min	喷涂中涂底漆： 1. 喷涂前对板件除尘、除油（5分） 2. 喷涂前处理好工作贴护（5分） 3. 正确使用粘尘布（5分） 4. 正确调试喷枪（5分） 5. 正确使用喷枪以及有良好的喷涂手法（10分）	30				
	打磨中涂底漆： 1. 选择正确的打磨头与砂纸（5分） 2. 调整打磨头的档位以及转速（3分） 3. 使用正确的打磨手法，防止磨穿（10分） 4. 菜瓜布打磨（5分） 5. 正确使用粘尘布和吹枪（2分）	25				
	5S管理，操作完毕后，工位清洁，工具设备复位，废物统一收纳	5				
合　　计		100				

课 后 测 评

一、选择题

1. 获得高质量镜面涂层的主要因素有____。（多选）

A. 涂料质量　　　　　B. 底层基础　　　　　C. 合格的喷枪　　　D. 喷涂人员技术

2. 下列关于机器打磨中涂层的方法，叙述正确的有____。

A. 使用3mm的双动作打磨机　　　　　　B. 不需使用中间软垫

C. 喷涂单工序面漆可用P400打磨　　　　D. 喷涂双工序面漆可用P500打磨

3. 下列关于中涂底漆的作用，叙述错误的有____。

A. 良好的打磨性能　　　　　　　　　　B. 强化面漆和底漆之间的附着力

C. 良好的隔离性能　　　　　　　　　　D. 填充打磨划痕

4. 关于中涂底漆的特性，下列叙述正确的是____。

A. 有良好的填充性能　　　　　　　　　B. 有高的装饰性

C. 色彩丰富

5. 中涂底漆不应具有的特性为____。

A. 耐磨性　　　　　B. 填充性　　　　　C. 封闭性　　　　　D. 配套性

二、判断题

1. 喷涂气压高，易造成涂料雾化不足，飞漆颗粒粗。　　　　　　　　　（　　　）

2. 为了提高效率，可连续喷涂，不必等前1道漆闪干就可以喷涂后1道漆。（　　　）

3. 中涂底漆的产品性能要求与面漆的产品性能具有相溶性和互补性。　（　　　）

4. 所有防腐底漆和中涂底漆都能填补砂眼。 （　　）

5. 底漆层具有极好的耐蚀性和耐化学品性能。 （　　）

三、简答题

1. 中涂底漆与辅料的添加顺序是怎样的？

2. 简述打磨中涂底漆的方法。

项目七　金属件涂装

项目目标

知识目标：	技能目标：	素养目标：
1. 熟悉面漆的选择方法	1. 能按照调色流程调色	1. 培养学生严谨的工作
2. 了解查找颜色配方的方法	2. 能够规范地喷涂多工序面漆	态度
3. 掌握基本调色工艺流程	3. 能够对多工序面漆进行微调	2. 提高操作的规范性
4. 掌握面漆喷涂步骤		3. 培养学生的环保意识

任务一　颜色调配

任务描述

　　一辆理想轿车左前翼子板受损，中涂底漆作业已完成，后面要对翼子板面漆进行调色。如何进行正确调色呢？

制订维修计划

任务名称	颜色调配		学时	13	班级	
学生姓名			学生学号		任务成绩	
实训设备			实训场地		日期	
实训任务	根据车身颜色进行调色					
任务目的	制订工作计划，完成调色任务					

一、资讯

1. 黑色漆加白色漆会变成什么颜色呢？

2. 调色的重要性有哪些？

二、制订计划
根据车身颜色和任务要求，确定所需要的仪器、工具，并对小组成员进行合理分工，制订详细的实施计划。
1. 小组成员分工。

2. 调色计划。

 知识准备

一、面漆的性能和要求

　　汽车基材不仅要用底漆防腐、防锈，更重要的是用面漆涂装，以提高对金属的保护。面漆不但要有优良的装饰性（漆膜色彩鲜艳、光亮丰满），而且需要有良好的保护性。漆膜有耐候、耐水、耐油、耐磨及耐化学腐蚀性能的要求。在选择汽车用面漆时，应从以下几个方面考虑，见表 7-1。

表 7-1　面漆的性能要求

外观	色彩鲜艳，光泽醒目，色差小，丰满度强和鲜艳性好
硬度和抗石击性	面漆应坚硬、耐磨，且具有足够的抗石击性（一般在 2H 以上），保证漆膜在汽车行驶中受到路面沙石的冲击和摩擦不产生划痕
耐候性和耐老化性	如果汽车用面漆的耐候性和耐老化性不好，则使用不久汽车面漆就会失光、变色及粉化，直接影响汽车的装饰性，新车很快变成旧车。因此，要求汽车用面漆涂层有良好的耐候性及耐老化性
耐湿热和防腐蚀性	漆层在湿热条件下（如温度 40℃，相对湿度 90%）不能起泡或失光
耐化学药品性	面漆层在使用过程中，如与蓄电池酸液、润滑油和制动油、汽油、清洁剂等直接接触，擦净后接触面不应有变化、起泡或失光等现象
施工性能	高温原厂漆必须适应烘干温度在 120℃以上、烘干时间 30min 等施工条件。在装饰性要求较高的场合，还应具有优良的抛光性能。汽车修补漆必须与原厂漆相匹配，并能在 60~80℃温度下烘烤成膜以适应手工涂装

　　根据以上要求，可选用氨基树脂、醇酸树脂、丙烯酸树脂、聚氨酯树脂、中固聚酯树脂等为基料，选用色彩鲜艳、耐候性好的有机颜料和无机颜料（如钛白酞菁

颜料系列、有机大红等）。另外，有些面漆在喷涂之前就需要加入辅助材料并搅拌均匀才可以开始喷涂，如添加固化剂、稀释剂、紫外吸收剂、流平剂、防缩孔剂、催干剂、静电调节剂等来达到更满意的外观和性能。有些面漆在喷涂过程中出现了问题，需要加入如化白水和走珠水等。

以丙烯酸酯涂料为例，其主要性能数据见表 7-2。

表 7-2 丙烯酸酯涂料的主要性能

面漆	热塑性丙烯酸酯面漆	热固性丙烯酸酯面漆
储存稳定性 /60 天	好	好
表干时间 /min	4~6	5~8
光泽 /%	90~95	98
硬度	0.6~0.7	0.8
冲击强度 /kg·cm	50	50
附着力 / 级	1	1
耐酸性（5%H_2SO_4 24h）	好	好
耐碱性（0.5%NaOH 24h）	好	好
耐盐水性（3%NaCl 24h）	好	好

可见，丙烯酸酯涂料有如下性能特点：

1）良好的耐候性、耐溶剂和耐酸碱腐蚀性。

2）良好的耐久性。

3）较高的光泽度。

4）较大的硬度。

面漆涂装的好坏主要取决于本身性能与前工序处理的好坏，例如底漆涂层不洁净、裂纹没有填好、研磨不光滑，在面漆涂装后，膜漆的缺陷就会表露无遗，所以在面漆涂装前要严格检查前一道工序。同时，了解油漆的性能，按照厂家给定的比例配比，采用正确的喷漆方法，正确使用喷枪等喷涂设备，才能保证施工质量，提高油漆装饰性。

二、色彩基础知识

色彩是光从物体反射到人的眼睛所引起的一种视觉心理感受。色彩按字面含义上理解可分为色和彩。色是指人对进入眼睛的光传至大脑时所产生的感觉；彩是多色的意思，是人对光变化的理解。色彩三属性见表 7-3。

表 7-3 色彩三属性

色相	色相是指色彩的相貌，是色彩最显著的特征，是不同波长的色彩被感觉的结果。光谱上的红、橙、黄、绿、青、蓝、紫就是 7 种不同的基本色相	色相对比
	色彩中最基本的颜色有 3 种，即红、黄、蓝，称之为三原色。这 3 种原色颜色纯正、鲜明、强烈，而且这 3 种原色本身是调不出的，但是它们可以调配出多种色相的色彩	
	色相环中相隔 180° 的颜色，被称为互补色。例如红与绿、蓝与橙、黄与紫互为补色。补色相减（如演练配色时，将两种补色颜料涂在白纸的同一点上）时，就成为黑色；补色并列时，会引起强烈对比的色觉，会感到红的更红、绿的更绿，如将补色的饱和度减弱，即能趋向调和	
明度	明度是指色彩的明暗、深浅程度，它取决于反射光的强弱。它包括两个含义：一是指一种颜色本身的明与暗，二是指不同色相之间存在着明与暗的差别	明度对比
纯度	也称彩度、艳度、浓度、饱和度，是指色彩的纯净程度	纯度对比

三、颜色调配

随着时代的发展，汽车的种类和颜色层出不穷，各种颜色、各种款式，甚至同一款汽车也可能会有奇迹黄、卡丁金黄、雷霆灰、精灵紫、仙剑蓝、旋风橙等多种颜色。这些色彩点缀着我们的生活，但是多彩的颜色也给汽车维修行业带来了更大的挑战，怎么修复受损的颜色呢？

随着技术的发展，我们根据颜色理论和汽车涂料的特点，制造出一些色母，而把色母中的几种颜色混合就可以得到想要的颜色。不同的色母，不同的量就会得到不同的颜色。在理论上色母的组合是无穷的，并可以组合出任何一种颜色。这样只需要制造几十种基本色母，按照一定的用量比例，对现有颜色进行调配，即可得到期望的理想色彩。调色流程如图 7-1 所示。

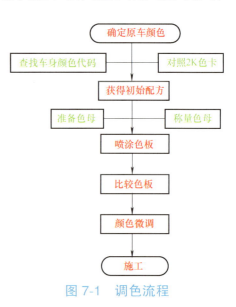

图 7-1 调色流程

任务实施

颜色的调配见表7-4。

表 7-4　颜色的调配

名　　称	说　　明	图　片
确定原车颜色	1）查找车身颜色代码：车身上有原厂提供的标牌，可找出颜色代码。一般为金属牌或贴纸，贴在车身某些位置，不同的厂商会贴在不同的位置 2）对照 2K 色卡：如果汽车已经重新喷过漆，而且重新喷漆时没有按照颜色代码调色，或者颜色代码被不慎撕掉，这时可以使用色卡与车身比较，找出最接近的颜色，然后使用色卡上的色号信息	 国际色号 249
查询配方	从生产商提供的电脑软件中找到配方，并通过配方计算出单个色母添加量	
比较色板	将添加并搅拌均匀的漆，与调配的标准色板进行对比，依然从色相、明度和饱和度3个方面对比。要注意正、侧面对比方法，对比方法有如下几种： 1）比较法：调漆棒与车身直接对比 2）点漆法：将漆点在车身上，待干燥后进行对比 3）涂抹法：将漆均匀涂在车身上待干燥后对比 4）喷涂法：将漆喷在试板上，干燥后与车身对比 比较法、点漆法、涂抹法速度快，但不太准确，需要技师有一定的经验；喷涂法速度慢，但较准确。如对比颜色有差异，则要进行微调	

（续）

名　称	说　明	图　片
颜色微调	微调颜色时，加入的色母尽可能是原配方中所用到的色母。如需加入配方外的色母，必须在不同光源下比较颜色，即除了自然日光，还应在较强亮度的白炽灯、荧光灯及冷白光源下比较颜色 　　选择色母时，要充分利用色母指南和色环等调色工具。色母指南列出了每个色母的特性及这种色母加入涂料后所产生的效果，色环上会列出各个色母的位置，可以让我们正确地比较色母之间的差别，以选择合适的色母加入涂料内 　　由于颜色由浑浊向鲜艳调整较为困难，所以除非为了将颜色调的更加浑浊，否则不要在微调时加入色环上色调与涂料中色调相对的色母 　　多次重复上述步骤，直至颜色接近至可以喷涂为止	 

> **提示**
>
> 　　微调中要多次进行颜色比对，直到颜色一致。微调比对时，注意涂料有湿度，涂料中有溶剂存在，颜色要比干燥后的涂料浅。

技能考核

考核时间	考核项目	分值	自我评价	小组评价	教师评价	企业评价
20min	1. 着装整齐（5分） 2. 穿戴安全用品（5分）	10				
	维修质量检验： 1. 正确地进行调色（15分） 2. 对颜色进行合理地微调（15分）	30				
	检查任务完成情况： 1. 能记住调色流程（10分） 2. 能描述微调方法（10分） 3. 小组所扮演的角色（10分） 4. 对完成任务过程中所起的作用（10分）	40				
	职业素养： 1. 学习态度：积极主动参与（5分） 2. 团队合作：与小组成员分工合作情况（10分） 3. 现场管理：服从工位安排、执行实训室5S管理规定（5分）	20				
合　计		100				

课 后 测 评

一、选择题

1. ____不是色彩的三属性之一。

A. 色调   B. 光谱   C. 明度   D. 彩度

2. ____不是三原色之一。

A. 绿色   B. 红色   C. 蓝色   D. 黄色

3. ____是绿色的补色。

A. 红色   B. 紫色   C. 蓝色   D. 橙色

4. ____的明度最高。

A. 红色   B. 紫色   C. 蓝色   D. 黄色

5. 三原色是指____。

A. 红色、黄色和蓝色   B. 红色、黄色和紫色

C. 橙色、黄色和蓝色   D. 红色、青色和蓝色

二、判断题

1. 彩度实际上就是颜色在心理上的纯度感觉。（　　）

2. 白色颜料可以吸收所有的光。（　　）

3. 白色可以作为调和色，而黑色不能作为调和色。（　　）

4. 调色时不用戴防毒面具。（　　）

5. 红色＋黄色→橘色。（　　）

6. 黄色＋蓝色→紫色。（　　）

7. 蓝色＋红色→绿色。（　　）

8. 在进行可调色中涂漆的颜色调配时，应按照说明规定增加色母。（　　）

三、简答题

1. 简述色调、明度和彩度的含义。

2. 简述如何进行颜色微调。

3. 要完整准确地描述一个颜色，应从哪几个方面进行？

任务描述

　　一辆白色新能源比亚迪轿车左前翼子板受损，调漆作业已完成，后面要对翼子板面漆进行第一次面漆喷涂。如何进行正确的面漆喷涂呢？

制订维修计划

任务名称	多工序面漆喷涂		学时	12	班级	
学生姓名			学生学号		任务成绩	
实训设备			实训场地		日期	
实训任务	对翼子板进行多工序面漆喷涂处理					
任务目的	制订工作计划，完成多工序面漆喷涂					

一、资讯

1. 中涂底漆的打磨要求有哪些？

2. 中涂底漆打磨步骤是怎样的？

3. 遮蔽时一般采用什么方法？

二、制订计划

根据目标色板和任务要求，确定所需要的仪器、工具，并对小组成员进行合理分工，制订详细的实施计划。

1. 小组成员分工。

2. 喷涂计划。

知识准备

一、中涂底漆打磨

中涂底漆在涂层组合中是面漆之下的涂层，主要起增强涂层间附着力、加强底涂层的封闭性和填充细微痕迹的作用，因此，中涂底漆要有一定的附着力、耐溶剂性及填充性。中涂底漆的打磨要求如下：

1）确保表面已经打磨光滑且打磨边缘呈羽状边、无台阶。

2）确保表面无砂眼、砂纸痕等缺陷，无裸露原子灰、金属。

如果中涂底漆打磨表面过度打磨，导致有原子灰或金属露出，那么面漆的光泽会由于原子灰吸收涂料而受到影响，涂膜的防锈性能也达不到要求。对于露出金属的部位，需施涂环氧底漆或施涂磷化底漆及中涂底漆；对于裸露原子灰的部位，需施涂中涂底漆。

二、面漆施工工序

汽车车身面漆层的施工一般都有专人操作。图层的分类方法很多，按颜色效果可分为纯色漆、金属漆和珍珠漆；按成膜物质可分为硝基漆、醇酸漆和丙烯酸漆等；按固化机制可分为溶剂挥发型、氧化型和交联反应型等。

此外，涂层的施工可按施工工序分为单工序、双工序和三工序等，见表7-5。每种分类方法互相的界限不是绝对的，可以相互交叉。

表 7-5　多工序面漆分类

名　称	说　　明	图　片
单工序	指喷涂同一种涂料即形成完整的面涂层的喷涂	
双工序	指喷涂2种不同的涂料才能形成完整的面涂层的喷涂。通常是先喷涂色漆，然后喷涂罩光清漆，两种涂层结合在一起才能形成有质量保证的完整的面涂层	
三工序	通常是先喷1层打底色漆，然后喷1层珍珠漆，最后喷罩光清漆，3个涂层结合才能形成完整的面涂层。一般单工序面涂层的颜色比较单调，而三工序面漆的效果比较丰富。但工序越多，施工及修补越复杂	

任务实施

一、中涂底漆打磨

中涂底漆打磨步骤见表 7-6。

表 7-6　中涂底漆打磨步骤

名　称	说　明	图　片
施涂打磨指示剂	在中涂底漆上涂抹 1 层打磨指示剂层，以便在打磨时能更好、更快地找出潜在的缺陷	
打磨重橘纹及填充原子灰区域	使用手刨进行局部手工干磨，使用干磨手刨配合 P240~P320 干磨砂纸，对原来施涂原子灰的区域进行整平，打磨消除缺陷。如果中涂底漆比较平整光滑，可直接使用 P320 砂纸打磨，或省略此步骤	
一般区域打磨	使用偏心距为 3mm 的双作用干磨机，在托盘上加装中间软垫使用 P400 或 P500 砂纸进行打磨，使用 P600~P1000 精磨砂棉或灰色菜瓜布打磨难以打磨的区域，确保对将要喷涂色漆的区域全部磨毛至没有光泽	
只喷涂清漆区域打磨	使用偏心距为 3mm 的双作用干磨机，在托盘上加装中间软垫，配合 P800~P1000 精磨砂棉或灰色菜瓜布打磨，要打磨至没有光泽。将灰色菜瓜布装在打磨机上。打磨的作用是清除工件表面上的打磨灰尘，并能安全地将所有打磨区域打磨至没有光泽。对 B 柱或清漆不能整喷、只能驳口的区域，为了确保驳口区域涂层的附着力，需要使用 P2000 精磨砂棉或使用灰色菜瓜布加水性研磨膏打磨清漆驳口区域	

气温寒冷的冬天，需采用红外线灯和热风加热器进行强制干燥，这不仅能加速干燥，提高作业效率，还能提高漆膜质量。不能骤然提高温度，应逐渐加热到 60℃左右。如果旧漆膜有起皱现象时，则加热到 50℃左右为宜。

二、遮蔽

喷漆前，应用胶带或纸盖住不需要修饰的表面，也用于在打磨、脱漆或抛光时保护相邻的表面。遮蔽方法见表 7-7。

表 7-7　遮蔽方法

名　称	说　明	图　片
反向遮蔽	反向遮蔽是指遮盖纸在敷贴时里面朝外，所以沿边界黏有一薄层漆雾。这种方法用于尽可能减小台阶，使边界不太引人注目的情况。当处理小面积时，边界可以规定在一个给定的车身板内	 修复区　反向贴护
成块重涂时遮盖	为了进行成块重涂，翼子板或车门之类的板件必须单独遮盖。如果板块有孔口，它们必须遮盖，以防漆雾进入这些区域。如果覆盖孔口困难，可以从里面遮盖孔口，从而防止漆雾黏至内部部件上	点重涂 块重涂
隐蔽处的遮盖	重涂后侧钣金件：当重涂没有边界的钣金件时，需用反向遮蔽法来重涂板件。为了确保涂料喷涂不会产生喷涂台阶，该区域必须用反向遮蔽法加以遮盖 重涂翼子板尾端：该区域必须用点重涂方法进行重涂。由于点重涂的涂装面积小于块重涂，仅遮盖翼子板的尾端部分就足够了	

三、单工序素色面漆的整喷

单工序素色面漆的整喷步骤见表 7-8。

表7-8　单工序素色面漆的整喷步骤

名　称	说　明	图　片
除油、清洁	使用2块专用清洁布，1块清洁布沾湿清洁剂，擦拭工件表面，用另1块干清洁布擦干。或者使用耐溶剂的塑料喷壶将清洁剂喷涂到工件表面，然后用干清洁布擦干。使用清洁剂对工件表面进行除油、清洁后，使用粘尘布粘去车体表面的灰尘、纤维等细小杂质，以减少面漆上的脏点	
调配喷枪	具体喷枪设定参数需参照涂料厂商产品资料及喷枪厂商产品使用资料，详见表7-9。通常扇面调整至20cm左右	
喷涂	可先对中涂底漆部位喷涂1~2层，以预先遮盖中涂底漆。一般来说，大部分单工序素色面漆喷涂2层即可达到所需的漆膜厚度。有些颜色使用的颜料较为透明，遮盖力相对较差，可能需喷3~4层才能完全遮盖。每一层之间需要闪干，连续喷涂过厚会导致溶剂挥发时产生溶剂泡、针孔、失光等缺陷。	
烘烤	完成喷涂后，将喷枪等工具、材料拿出烤漆房，闪干10min左右后开始烘烤面漆。烤漆房由正常气温升至烘烤所需的60~80℃需要一定时间。一般烤干单工序素色面漆需要工件表面达到60℃后保持30min，故设定烤漆房时间时需考虑这一因素，设定的时间应包括升温所需时间加上烘烤所需时间	

表7-9　单工序素色面漆的喷枪气压设置　　　　　　　　（单位：kPa）

喷　枪	枪尾气压
传统喷枪	300~400
低流量中气压喷枪	200~220
高流量低气压喷枪（HVLP）	180~200

四、单工序素色面漆的局部修补

以上介绍的为整喷单工序素色面漆的步骤和方法，如果需要局部修补单工序素色面漆，只需将调枪和喷涂方法略微调整，见表7-10。

表 7-10　单工序素色面漆的局部修补步骤

名　称	说　明
调枪	按照小修补的方法调整喷枪。喷枪扇面调整至 10~15cm，喷涂气压减小至 100~200kPa，出漆量也相应缩小
步骤	按照从小到大的原则喷涂遮盖修补区域的中涂底漆，每层之间预留 5~10min 的闪干时间。完全遮盖后，以 1:1 比例添加驳口稀释剂，与剩余素色漆混合并快速搅拌均匀后向驳口部位喷涂匀化，然后倒出混合物，使用纯驳口稀释剂继续向驳口部位喷涂匀化，然后倒入混合物，使用纯驳口稀释剂继续向驳口部位喷涂匀化至驳口部位合格

五、双工序素色漆、银粉漆、珍珠漆的整喷

双工序素色漆、银粉漆、珍珠漆的整喷步骤见表 7-11。

表 7-11　双工序素色漆、银粉漆、珍珠漆的整喷步骤

名　称	说　明
底色漆调配	按照底色漆调配比例要求，添加合适的稀释剂，搅拌均匀后，用专用过滤网过滤后加入喷枪中。双工序素色漆、银粉漆、珍珠漆一般使用口径为 1.3~1.4mm 的上罐式面漆喷枪或口径为 1.4~1.6mm 的下灌式面漆喷枪喷涂
调枪	按照产品要求正确调配喷枪。整板喷涂时，一般喷枪扇面调整为 20cm 左右，喷枪气压（枪尾气压）见表 7-9
喷涂	1. 先对中涂底漆部位喷涂 1~2 层，以预先遮盖中涂底漆。然后整板喷涂 2 层底色漆，每一层之间需要闪干 5~10min，再喷涂下一层；也可以通过底色漆表面光泽判断，当表面光泽度降低至哑光时即可喷涂下一层。连续喷涂过厚会导致溶剂挥发时产生溶剂泡、针孔、失光等缺陷 2. 完全遮盖中涂底漆后，对于双工序银粉漆、珍珠漆，需薄喷一层雾喷层以调整银粉、珍珠颗粒的排列，使颜色与原厂漆效果类似。再闪干 15~20min 后喷涂清漆。闪干时间与喷涂厚度、气温、湿度都有关系，喷涂厚度较厚，气温较低、湿度较大时，涂膜干燥速度减慢，须增加闪干时间。若底色漆闪干时间不够充足就喷涂清漆，会导致清漆中所含溶剂溶解底色漆而出现银粉、珍珠发花、起云现象 3. 对于色漆漆膜中的脏点或者瑕疵，可在色漆完全闪干后，使用 P1000 精磨砂棉进行打磨处理，或使用 P1500~P2000 水磨砂纸进行湿磨处理，然后补喷色漆遮盖打磨位置

六、双工序素色漆、银粉漆、珍珠漆的局部修补喷涂

双工序素色漆、银粉漆、珍珠漆的局部修补喷涂步骤见表 7-12。

表 7-12　双工序素色漆、银粉漆、珍珠漆的局部修补喷涂步骤

名　称	说　明
调枪	按照小修补的方法调整喷枪。喷枪扇面调整至 10~15cm，喷涂气压减小至 100~200kPa，出漆量也相应缩小
步骤	按照从小到大的原则喷涂遮盖修补区域的中涂底漆，每层之间预留 5min 的闪干时间。完全遮盖后，向驳口部位匀化喷涂至没有过渡痕迹和色差

七、三工序珍珠漆的整喷及修补

三工序珍珠漆在表面前处理、稀释剂选择、喷枪调整方面与双工序珍珠漆没有太大差别，详见表7-13。

表 7-13　三工序珍珠漆的整喷及修补

名　称	说　明
喷涂颜色层	颜色层必须完全遮盖中涂底漆，喷涂范围应逐层扩大，每一层颜色层喷涂之前须确保上一层已充分干燥。最后一层可添加 50% 驳口稀释剂，由颜色层部位向外延伸喷涂，以达到一个平整光滑的晕色区域
喷涂底层清漆	将底层清漆在修补范围薄喷 1~2 次，以防晕色部位漆尘及静电导致珍珠排列不均匀。底层清漆调配需参照各厂商产品说明，一般使用双工序调和树脂 1：1 添加稀释剂
珍珠层浑浊喷涂	可根据情况确定是否采用此步骤。在珍珠层涂料中加入少量的颜色层涂料，在颜色层与珍珠层之间喷涂中间颜色层，使晕色部位模糊不清。珍珠层浑浊第 1 次比例为：珍珠层（已稀释）：颜色层（已稀释）= 9：1，珍珠层浑浊第 2 次比例为：珍珠层（已稀释）：颜色层（已稀释）= 99：1，喷涂范围逐层扩大。若发现珍珠层涂料中添加颜色层涂料导致颜色改变较大，需减少颜色层涂料的比例
喷涂珍珠层	根据第一步骤喷涂制作分色试色板时确定的需喷涂珍珠层数来喷涂，每一层珍珠层需做进一步延伸以使颜色得到充分过渡，消除颜色差异
清漆喷涂	确定三工序珍珠漆修补效果无误后，喷涂清漆。清漆喷涂方法与其他双工序颜色相同，此处不再赘述

八、清漆施工

清漆涂层施工时，应严格遵照油漆商的施工标准进行操作，可参考表7-14进行。

表 7-14　清漆施工步骤

名　称	说　明	图　片
第一道清漆	涂层偏薄一点，喷枪以略大于 60cm/s 的速度移动，但油漆雾化颗粒必须呈现完整且连续的涂层面，这样就做好了后续涂层形成镜面效果的基础，又尽可能地减少涂层表面产生张力效应	

（续）

名　　称	说　　明	图　　片
闪干	第一道清漆涂层施工完毕，应遵照油漆商提供的施工工艺要求，进入闪干时间，让该层涂料中的溶剂得到充分的挥发（蒸发）后，才可进行下一道涂层的施喷	
第二、三道清漆	下一道清漆涂层施喷时，喷枪涂料调节旋钮放至最大流量状态，移动速度可以略低于或等于 60cm/s，形成一道湿润且具有高膜厚、高光泽的涂层。当清漆涂层施工完毕后，不可立即对涂料进行加温固化，应让涂层有充足的自然流平时间和溶剂的挥发（蒸发）时间。当然，清漆涂层也不宜一次性施喷过厚，尤其是在工件边缘容易产生聚漆现象。如遇操作不当，容易引起涂层"沸点"等弊病	

提示

闪干时间可根据实际的施工环境温度、湿度和风速评估，同时，还要根据涂料选用的固化剂和稀释剂性能决定。也可用手指背面轻轻移动触碰距离工件最近的遮蔽纸上的漆面。

 技能考核

考核时间	考核项目	分值	自我评价	小组评价	教师评价	企业评价
30min	1. 着装整齐（5分） 2. 穿戴安全用品（5分）	10				
	1. 正确地对油漆进行调配（15分） 2. 合理地喷涂面漆、清漆（15分）	30				
	1. 记住多工序面漆喷涂步骤（10分） 2. 描述喷涂技巧（20分） 3. 在小组所扮演的角色及完成任务过程中所起的作用（10分）	40				
	1. 学习态度：积极主动参与（5分） 2. 团队合作：与小组成员分工合作，不影响学习进度（10分） 3. 现场管理：服从工位安排、执行实训室"5S"管理规定（5分）	20				
合　　计		100				

课 后 测 评

一、选择题

1. 使用手刨进行局部手工干磨，使用干磨手刨配合＿＿＿干磨砂纸，对原来施涂原子灰的区域进行整平，打磨消除缺陷。

　A. P80~P120　　　　B. P120~P180　　　　C. P240~P320　　　　D. P400~P500

2. 整板喷涂时，一般喷枪扇面调整为____cm左右。

A. 10　　　　　　　B. 20　　　　　　　C. 30　　　　　　　D. 40

3. 对于色漆漆膜中的脏点或者微小瑕疵，可在色漆完全闪干后，使用____精磨砂棉进行打磨处理。

A. P600　　　　　　B. P800　　　　　　C. P1000　　　　　D. P1200

4. 中涂底漆比较平整光滑，可直接使用____砂纸打磨。

A. P320　　　　　　B. P400　　　　　　C. P240　　　　　D. P500

二、判断题

1. 在中涂底漆上涂抹一层打磨指示剂层，以便在打磨时能更好、更快地找出潜在的缺陷。　　　　　　　　　　　　　　　　　　　　　　　（　　）

2. 清漆喷涂不需要进行闪干。　　　　　　　　　　　　　　　　（　　）

3. 中涂底漆磨穿后不需要进行处理就可以进行面漆喷涂。　　　　（　　）

4. 面漆喷涂时应戴防尘口罩。　　　　　　　　　　　　　　　　（　　）

5. 在进行喷涂前，应对需要修补的部位及新部件进行必要的处理。（　　）

6. 在对旧涂层进行修补时，没有必要对原有涂层进行判别。　　　（　　）

7. 不论什么情况的喷涂修补，都要喷涂中涂底漆，增加面漆丰满度。（　　）

8. 在进行局部修补时，对驳口位置的选择有一定要求。　　　　　（　　）

三、简答题

1. 简述中涂底漆打磨的标准。

2. 多工序面漆喷涂时，如何减少闪干时间？

3. 简述清漆喷涂步骤。

4. 简述中涂层的作用。

任务三 面漆的修饰

任务描述

一辆白色新能源比亚迪汽车左前车门受损，到 4S 店进行处理，已经对面漆喷涂完成，现需要对面漆进行修饰。如何正确地进行修饰呢？

制订维修计划

任务名称	面漆的修饰		学时	12	班级	
学生姓名			学生学号		任务成绩	
实训设备			实训场地		日期	
实训任务	对喷涂完成的面漆缺陷进行处理及抛光					
任务目的	制订工作计划，对面漆进行修饰					

一、资讯

1. 抛光与打蜡的区别是什么？

2. 烘烤前，漆膜要有几分钟的闪干时间？

3. 打磨时，选择砂纸的原则是什么？

二、制订计划

根据目标色板和任务要求，确定所需要的仪器、工具，并对小组成员进行合理分工，制订详细的实施计划。

1. 小组成员分工。

2. 抛光计划。

知识准备

面漆喷涂结束后，涂装的工作已经大部分完成，还需要进行最后的修整工作。

涂膜的修整主要包括清除贴护、修理小范围内的故障和表面抛光等。

在汽车喷涂过程中，由于各种各样的原因会导致各种缺陷，了解这些缺陷的成因、预防及补救措施，可以更好地适应和掌握这项工作。

一、常见缺陷形成原因及预防措施

常见缺陷形成原因及预防措施见表 7-15。

表 7-15 常见缺陷形成原因及预防措施

缺陷名称		说　明	图　片
溶剂泡	定义	漆面呈现小泡和泡痕，又称痱子、起热痱，即漆层里的空气、水或溶剂不能逸出而形成气泡，或逸出后留下泡痕的现象	
	形成原因	1. 溶剂空气藏在漆膜内，其逸出后留下泡痕，漆膜喷涂过厚，使用了快干的硬化剂或稀释剂 2. 喷枪喷嘴（口径）、喷涂黏度或喷涂气压不正确 3. 加温干燥前静止时间不足或烤漆房气流不足	
	防治措施	1. 使用正确的喷涂黏度、喷涂气压、喷嘴口径，使用适当的硬化剂和稀释剂 2. 给予足够的静止时间，定时检查烤房内的气压和湿度 补救方法：烘干后打磨，在受影响的范围重新喷涂中涂底漆，打磨后再喷面漆	
针孔	定义	漆膜在涂装后的干燥过程中，由于稀释剂的挥发速度过快，使漆液来不及补充，而产生针孔状小孔或像皮革毛孔一样的现象。针孔形状很小，呈杯状的洞，在漆层或原材料的表面出现	
	形成原因	1. 涂装后流平时间不足，烘烤时升温过快 2. 涂层过厚或被涂物表面温度过高。稀释剂选用不当，造成漆膜表面干燥过快，底层溶剂不易挥发 3. 被涂物表面粗糙，原子灰层不光滑，未进行封闭就直接喷涂面漆。压缩空气或涂料、稀释剂中含有水分 4. 涂料搅拌后产生的气泡未消失就喷涂或喷涂的压力太大	
	预防措施	1. 烘烤前的流平时间一定要保证在工艺范围之内。注意稀释剂的搭配使用 2. 漆膜喷涂的厚度应在工艺范围之内。油漆搅拌后应静置一段时间，待气泡消失后再喷涂 3. 底涂层为原子灰层时，一定要进行封闭处理再喷涂面漆 修补方法：将漆膜磨至底涂层，填补针孔，重新喷涂漆	

（续）

缺陷名称		说　明	图　片
鱼眼	缺陷定义	出现有火山口、边缘突起的凹陷点，又称为缩孔、陷穴、走珠。大尺寸的缩孔单独出现，小缩孔则成片出现	
	形成原因	涂装环境或基底在喷涂前受到油、蜡、油脂或有机硅的污染；喷涂使用的空气受到污染	
	预防措施	对底材或底涂层进行彻底的打磨和清洁处理，定期维修进气管的油水分离器 补救方法：如果陷穴不多，而且体积小，可用抛光法清除，或使用防走珠水。严重的，必须彻底打磨重喷	
流挂	缺陷定义	漆层太厚或太湿导致的漆膜从上向下流或下边缘增厚的现象，一般发生在垂直面	
	形成原因	1. 施工不当，喷枪距离与被涂物面太近 2. 走枪速度太慢，一次喷涂过厚等。油漆施工的黏度偏低，施工环境温度低，油漆干燥时间慢 3. 采用湿碰湿工艺喷涂时，间隔时间太短 4. 喷涂压力低于工艺范围，而喷枪口径过大	
	防治措施	1. 采用正确的喷涂方法，将喷枪适当调节 2. 稀释油漆时尽量按混合比例进行，使施工黏度在工艺范围内 3. 在气温较低的冬季施工时，尽量提高喷漆室的温度，保证在10℃以上至室温的范围 4. 湿碰湿工艺施工时，保证有足够的间隔时间。喷枪压力与喷嘴口径应能满足工艺的要求 修补方法： 1. 发生在素色单工序面漆层或清漆层时，等漆膜完全硬化之后，用细砂纸打磨，然后抛光。情况严重时，重新喷涂 2. 底色漆层流挂时，磨平流挂漆膜后重新喷涂	
橘皮	缺陷定义	漆膜表面呈现凹凸不平状，看起来像橘子的外皮	
	形成原因	1. 施工黏度过大，漆膜流平性差 2. 没有选用配套的稀释剂而是用了劣质稀释剂，挥发速度过快 3. 喷涂方法不当，喷涂距离太远，压缩空气的压力过大或喷枪喷嘴调节不当，喷涂后流平时间不足，过早升温 4. 在夏季施工时，涂装环境温度过高（超过了35℃）	
	防治措施	1. 在高温环境中选用慢干或超慢干稀释剂 2. 调整施工黏度，改善漆膜的流平性，采用正确的喷涂方法 3. 烘烤前，漆膜要有超过10min的闪干时间；改善涂装环境，尽量在推荐的温度范围内喷涂 修补方法：漆膜干固后，将橘皮部分打磨平，然后抛光。情况严重时，重新喷涂	

（续）

缺陷名称		说　明	图　片
波浪纹	缺陷定义	喷涂完成的漆面类似于波浪而导致不平整	
	形成原因	1. 喷漆车间温度过高，表面的油漆升温速度过快，晾干不充分，破坏了湿涂膜中的溶剂平衡 2. 当内层油漆干燥时，将会使表面油漆出现收缩现象。漆层太厚或太湿，使内层油漆不能和外层油漆以相同速度释放溶剂并干燥，漆面就会出现变形和皱纹 3. 使用了错误的稀释剂或互不相溶的材料，使用快速干燥稀释剂造成皱缩 4. 不适当的干燥方法导致漆面干燥不均匀 5. 对刚喷涂的漆层进行烘干或过快地强制干燥	
	防治措施	1. 在高温环境中选用慢干或超慢干稀释剂 2. 调整施工黏度，改善漆膜的流平性 3. 采用正确的喷涂方法。烘烤前，漆膜要有超过10min的闪干时间 4. 改善涂装环境，尽量在推荐的温度范围内喷涂 5. 避免在温度不合适的车间或温度变化较大的车间喷漆 6. 采用多次喷涂的方法，以降低一次性喷涂面漆层的厚度 7. 按照规定使用快速干燥稀释剂，在高温季节应减少快速干燥稀释剂的用量 修补方法：漆膜干固后，将橘皮部分打磨平，然后抛光。情况严重时，重新喷涂	
杂质	缺陷定义	涂料喷涂后，在涂膜表面局部或整个表面呈现的大小不规则凸起的颗粒或丝状纤维物的现象	
	形成原因	1. 被涂表面未进行彻底的除尘、清洁处理 2. 油漆受到了污染 3. 喷涂环境的粉尘污染 4. 施工人员的衣物携入了粉尘、纤维	
	防治措施	1. 对底涂层进行彻底的清洁处理 2. 保证所有材料清洁，材料容器密封，使用油漆之前过滤 3. 保证喷漆室干净无尘，必要时，可将喷漆室四周及地面弄湿，保证空气过滤系统正常工作 4. 施工人员在进行喷涂时穿戴防尘喷漆服 修补方法：待漆膜完全固化后，对轻微的细小颗粒，可用砂纸磨平，然后进行抛光处理。如果颗粒杂质陷得较深，则要将漆膜磨平，然后重新喷涂	

（续）

缺陷名称		说　明	图　片
干喷	定义	到达被涂物表面前液体涂料已经半干，但还有一定的湿度刚刚能够附着于表面成膜，却不能形成连续且有效的漆膜	
	形成原因	1. 喷漆时距离太远 2. 走枪为弧形或倾斜 3. 温度太高 4. 喷漆泵压力太大 5. 大风或过度的通风	
	防治措施	1. 喷漆时距离适中 2. 走枪时垂直于工件表面 3. 温度适中 4. 喷漆泵压力适中 5. 避免过度通风	
水印	缺陷定义	涂层表面有类似于水流过的痕迹	
	形成原因	油漆未干前，水滴滴落到零部件上，并在油漆干燥后在表面留下痕迹	
	防治措施	防止水滴滴落到零部件上，远离水源	
掉漆	缺陷定义	漆膜由于开裂而对底材失去应有的附着力，以至形成鳞片或大片脱落的现象	
	形成原因	1. 底材处理不干净，有油污、水汽或其他化学药品的残留物 2. 油漆配套不合理 3. 处理方法不当，涂层层间附着力差 4. 底层漆未干透就喷面漆或罩光清漆，底漆层过度烘烤或涂层太厚	
	防治措施	1. 涂装前，应将底材彻底处理干净，并及时进行涂装 2. 各涂层之间的配套应合理 3. 进行适当的打磨处理，增加层间附着力 4. 选择配套性良好的油漆进行涂装 5. 严格按照工艺要求进行涂装处理 修补方法：对已发生脱落的漆膜，应彻底铲除后重新涂装	

（续）

缺陷名称		说　　明	图　片
色差	缺陷定义	漆膜干燥后或在以后的一段时间内，其色相、明度、彩度与标准板或工件其他部分的颜色有差异的现象	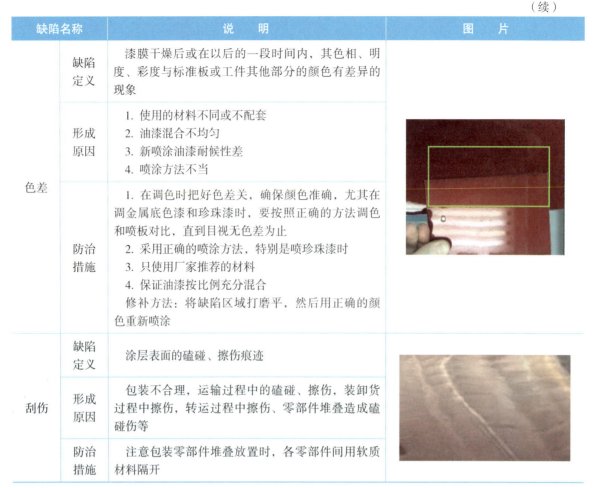
	形成原因	1. 使用的材料不同或不配套 2. 油漆混合不均匀 3. 新喷涂油漆耐候性差 4. 喷涂方法不当	
	防治措施	1. 在调色时把好色差关，确保颜色准确，尤其在调金属底色漆和珍珠漆时，要按照正确的方法调色和喷板对比，直到目视无色差为止 2. 采用正确的喷涂方法，特别是喷珍珠漆时 3. 只使用厂家推荐的材料 4. 保证油漆按比例充分混合 修补方法：将缺陷区域打磨平，然后用正确的颜色重新喷涂	
刮伤	缺陷定义	涂层表面的磕碰、擦伤痕迹	
	形成原因	包装不合理，运输过程中的磕碰、擦伤，装卸货过程中擦伤，转运过程中擦伤、零部件堆叠造成磕碰伤等	
	防治措施	注意包装零部件堆叠放置时，各零部件间用软质材料隔开	

二、抛光与打蜡

　　抛光主要是为了增加漆膜的光泽度与平滑度，消除漆面的颗粒、轻微流痕、橘皮、细微砂纸痕迹、划痕等漆膜表面细小的缺陷。抛光处理既适用于旧漆面翻新，也适用于新喷涂面漆。

　　旧漆面翻新抛光：汽车表面长期受到阳光、风沙、雨雪、温差等不良环境影响，漆面受到的侵蚀程度复杂多样。这些侵蚀只靠简单的水洗不能将其消除，而需要进行翻新抛光处理，通过摩擦和抛光的作用来消除涂面的缺陷，使表面重新变得光滑。

　　新喷涂面抛光：新喷涂的漆面可能存在一些缺陷，如流痕、尘粒、橘皮、失光、丰满度差等，以及局部喷涂时飞落于旧涂面的漆尘，新旧漆膜交界处的过渡区域，对于这些处于漆面上且不太严重的缺陷，均可通过抛光处理去除。

　　打蜡与抛光不同，打蜡的目的是使蜡质在漆膜表面干燥后形成一层薄的保护膜，该保护膜可以反射阳光中的紫外线，降低对漆膜的破坏。同时，蜡膜有一定的硬度，可减轻划伤漆膜的程度，蜡膜的光泽能提高漆膜的光泽度、丰满度。故打蜡的作用往往是保护，而抛光的作用是去除缺陷及补救。

新喷漆面应在漆膜完全干燥后进行抛光，双组分涂料应在喷涂后经过 60℃烘烤 30min（金属表面温度），待漆面温度冷却后，手指压漆面而不会产生手指印或自然干燥 36h 后进行抛光，具体需要根据所使用的产品说明书确定。

 任务实施

抛光的基本步骤见表 7-16。

表 7-16　抛光的基本步骤

名　　称	说　　明	图　　片
抛光前遮蔽	为了防止抛光前打磨及抛光时损伤相邻工件或者其他车身部件，需要进行遮蔽保护。可以尽量利用喷涂面漆时的遮蔽，即面漆完成后除去遮蔽时，对于可以保留的遮蔽材料可保留至抛光使用	
细磨缺陷部位	具体打磨砂纸型号参照不同砂纸厂商要求。通常可以用半弹性垫块衬 P1200 水磨砂纸打磨缺陷部位，然后用 P1500 水磨砂纸和 P2000 水磨砂纸打磨。也可以使用偏心距小于 3mm 的双动作打磨机配合 P1000 干磨砂纸、P2000 干磨砂纸、P4000 干磨砂纸打磨缺陷，把流痕、脏粒、轻微划痕打磨平整，使缺陷打磨部位达到无光，但一定要注意不能磨穿漆膜，否则就需要重新喷涂 由于车身表面存在弧度，且缺陷部位往往面积不大，所以使用小型打磨机及抛光机进行点打磨、点抛光是高效且低成本的方法	
粗抛	整洁表面，将抛光机的转速调至 1000~1500r/min，安装好白色羊毛轮，将粗抛光剂均匀涂于羊毛轮上，然后将抛光机的羊毛轮平放在漆面上后开动抛光机，抛光机在漆面上有规律地沿水平方向来回移动抛光，一次抛光面积不宜过大，长、宽约为 60cm，抛光时要特别注意棱线、棱角及高出平面的造型，这些部位抛光时触及机会较多，容易磨穿漆膜	
细抛	当漆面用粗抛光剂完成抛光后，漆面的打磨砂纸痕已经去除，漆面呈现部分光泽。此时需要用细抛光剂消除粗抛光机所产生的细小痕迹，使漆面更平滑、光亮。用干净的软布擦净粗抛残留物，摇匀细抛光剂，将其均匀涂于海绵轮表面，此时应将抛光机转速调整到 1800r/min 左右，按照与粗抛光同样的方法均匀移动抛光。对于抛光机难以进行抛光的部位，可以使用专用抛光软布进行手工抛光，直到漆面抛亮即可。完成抛光后，使用干净的软布擦净涂面。此时漆面外观亮度及丰满度应已经达到合格，只是对于深色漆面，还可以看出细抛光剂抛光后的抛光轮转动痕迹，所以还需要继续使用抛光剂进行细抛光	

（续）

名　称	说　明	图　片
局部修补区域抛光	对于局部修补区域，可在漆膜完全干燥后，对接口部位使用小型抛光机进行抛光。由于局部修补区域的边缘部位漆膜很薄，所以抛光需要非常小心，为了防止修补区域边缘产生线形痕迹，通常无须打磨，直接从细抛光剂开始抛光，抛光方向要从新喷区域向旧漆面部位单向抛光。抛光力度不宜过大，抛光程度不宜过深 对较难用抛光机抛光的表面，可采用手工抛光。将少量抛光剂倒在软布上，在修补接口处，从新喷区域向旧漆面单向抛光	
提示	为了防止吸入抛光时产生的微细粉尘、颗粒，抛光时应佩戴防尘口罩、防护眼镜、穿安全鞋；如果抛光前打磨采用干磨，打磨时须佩戴防尘口罩	

技能考核

考核时间	考核项目	分值	自我评价	小组评价	教师评价	企业评价
50min	缺陷防治	20				
	细磨缺陷	20				
	粗抛	20				
	细抛	20				
	局部修补抛光	20				
合　计		100				

课 后 测 评

一、选择题

1. 抛光机在漆面上有规律地沿水平方向来回移动抛光，一次抛光面积不宜过大，长、宽约为＿＿＿cm。

A. 30 　　　　　　　B. 60 　　　　　　　C. 90 　　　　　　　D. 120

2. 在气温较低的冬季施工时，应尽量提高喷漆室的温度，保证在＿＿＿以上至室温的范围。

A. 5℃ 　　　　　　B. 10℃ 　　　　　　C. 15℃ 　　　　　　D. 20℃

3. 新喷漆面应在漆膜完全干燥后进行抛光，双组分涂料应在喷涂后经过＿＿＿℃烘烤＿＿＿min。

A. 60；30　　　　　　B. 30；30　　　　　　C. 30；60　　　　　　D. 60；60

二、判断题

1. 只要喷涂压力在工艺范围内，就不会产生流挂。　　　　　　　　　　　（　　　）

2. 包装零部件堆叠放置时，各零部件间用软质材料隔开，是预防刮伤的重要措施。（　　　）

3. 遮蔽仅仅在喷涂时需要，抛光时不需要遮蔽。　　　　　　　　　　　（　　　）

4. 抛光时不需要戴防尘口罩。　　　　　　　　　　　　　　　　　　　（　　　）

5. 经常清洁喷、烤漆房的卫生就可以根治"颗粒"的产生。　　　　　　（　　　）

6. 喷涂时，一次喷涂过厚是造成流挂的原因之一。　　　　　　　　　　（　　　）

7. 涂装工具不干净、操作时手部有油污，不是造成鱼眼的原因。　　　　（　　　）

8. 由于涂料造成的失光可以用抛光的方法修整。　　　　　　　　　　　（　　　）

三、简答题

1. 简述流挂缺陷的形成原因及防治措施。

2. 简述抛光的主要步骤。

3. 面漆喷涂结束后，对于表面较大面积的针孔，应如何处理？

4. 面漆喷涂结束后，对于咬底部位，应如何处理？

5. 鱼眼是什么原因造成的？如何进行防治和修补？

参 考 文 献

［1］徐小剑.汽车钣金与涂装技术［M］.武汉：华中科技大学出版社，2024.

［2］梁振华.汽车涂装工艺与设备［M］.北京：人民邮电出版社，2022.

［3］吴名.汽车修补喷漆技能与实例［M］.北京：化学工业出版社，2022.

［4］姚明傲.汽车钣金与涂装修复技术［M］.北京：北京航空航天大学出版社，2024.